오직 영국에서 일어나는 일

오직 영국에서 일어나는 일
관광객은 알 수 없는 영국인이 사는 법

초 판 1쇄 2025년 05월 16일

지은이 이진
펴낸이 류종렬

펴낸곳 미다스북스
본부장 임종익
편집장 이다경, 김가영
디자인 임인영, 윤가희
책임진행 김요섭, 이예나, 안채원, 김은진, 장민주

등록 2001년 3월 21일 제2001-000040호
주소 서울시 마포구 양화로 133 서교타워 711호
전화 02) 322-7802~3
팩스 02) 6007-1845
블로그 http://blog.naver.com/midasbooks
전자주소 midasbooks@hanmail.net
페이스북 https://www.facebook.com/midasbooks425
인스타그램 https://www.instagram.com/midasbooks

© 이진, 미다스북스 2025, Printed in Korea.

ISBN 979-11-7355-232-8 03920

값 19,000원

※ 파본은 구입하신 서점에서 교환해드립니다.
※ 이 책에 실린 모든 콘텐츠는 미다스북스가 저작권자와의 계약에 따라 발행한 것이므로 인용하시거나 참고하실 경우 반드시 본사의 허락을 받으셔야 합니다.

미다스북스는 다음세대에게 필요한 지혜와 교양을 생각합니다.

오직 영국에서 일어나는 일

관광객은 알 수 없는 영국인이 사는 법

이진 지음

미다스북스

프롤로그

나는 영국에 대해 잘 모른다. 미국에서 4년 반을 산 후에 영국에 가면서, 영국은 그저 미국과 같은 언어를 쓰는 비슷한 나라이겠거니 했다. 웬걸, 영국은 전혀 다른 언어를 쓰는 전혀 다른 나라였다. 나는 그렇게 무식하고 무지한 채로 영국에 갔다. 3년을 살았고, 30년이 넘도록 여름마다 한 달 반을 살았다. 그토록 오랫동안 영국에 갈 줄은 몰랐다. 아직도 나는 영국을 잘 모르겠다.

나는 글을 잘 못 쓴다. 아니, 써 본 적이 없다. 어쩌다 보니 글을 쓰게 되었고, 이제는 책을 쓰게 되었다. 책을 쓰겠다는 생각은 난생처음이다. 잘 알지도 못하는데, 잘 쓰지도 못하는데 책을 어떻게 쓰나 했다. 참으로 오랜 시간 망설였고, 쉽지 않은 결정이었다. 수년 동안 글을 쓰게 되었고, 그렇게 쓴 글이 이만큼 모였다. 이 책은 대구 〈매일신문〉에 2년간 쓴 칼럼과 대구한국일보에서 발행하는 〈엠플러스 한국〉에 7년간 기고한 글을 정리한 것이다.

사람들은 영국을 보려고 런던에 가지만, 런던은 영국을 보여 주지 않는다. 대다수의 영국인은 런던이 아니라 시골을 좋아하고, 시골이야말로 영국의 모습을 갖고 있다. 나는 런던이 아닌 시골에 갔고, 그것도 늘 변함없이 똑같은 마을로 갔다. 옥스퍼드 근교에 있는 작은 타운 '아빙던(Abingdon)'으로 갔다.

영국의 문화는 잘 드러나지 않아서 관광객의 눈으로는 보이지 않는다. 소리 없이 사는 영국인의 모습 역시 방문객의 눈에는 잘 띄지 않는다. 나는 시골에 간 덕분에 진짜 영국의 모습을 볼 수 있었다고 생각한다. 영국인과 친구가 된 덕분에 가까이에서 자세하게 그들의 사는 모습을 들여다볼 수 있었다고 생각한다. 짧은 여행이었다면 보지 못했을 거라고, 보았어도 알아채지 못했을 거라고 믿는다.

영국에 대해서 내가 알게 된 것들만 조금 썼다. 관광객은 절대 올 일이 없는 조용한 시골 마을에서, 특별하지 않은 보통 사람들의 평범한 삶 속에서, 하루하루 느린 흐름으로 생활하는 그들의 소소한 일상을 말했다. 오래되고 낡은 나라에서, 변하지 않아서 불편한 시골에서, 직접 보고 느끼며 겪은 경험들을 썼다. 평범한 사람들에게서 얻은 따뜻하고 풍요로운 이야기를 담았다. 영국인이 세상을 바라보는 방식과 그들이 세상을 살아가는 방식을 전했다. 일상 속의 자잘한 이야기라서 어렵지 않고 쉽게 영국에 다가갈 수 있을 거라고 생각한다.

영국의 문화는 숨겨져 있고, 복잡하고 미묘해서 알아채기가 어렵다. 달라지지 않은 채 그대로 사는 영국인의 모습은 이상하고 신기하다. 나는 영국에서 단순하고 한가롭게 살면서, 열심히 바쁘게 살 때는 보지 못한 것을 보았다. 당연했던 관념들이 빠져나갔고, 불안과 긴장은 느슨해졌으며, 생

프롤로그

각과 마음이 점점 일치되어 갔다. 이제 나는 어떻게 살아야 하는지 묻지 않는다. 꽤 좋은 답을 얻어 온 것 같다.

영국에 대해 궁금한 사람들이 있을 거다. 영국인은 어떻게 사는지 알고 싶은 사람들이 있을 거다. 나는 만나는 사람마다 영국에 대해 말해주었지만, 그들은 들어도 잘 모르는 것 같았다. 글로 자세히 써서 알려주면 좋을 것 같다는 생각을 했다. 내 삶이 그랬던 것처럼, 그들의 삶도 달라지면 참 좋을 것 같았다.

모든 것이 낡고 불편해서 암담하기만 했던 나라였는데, 가면 갈수록 평화롭고 아늑하게 느껴졌다. 아는 게 생기니까 생각이 달라졌고 집과 일상도 달라졌다. 처음으로 아파트 베란다에 꽃을 가꾸기 시작했고, 조용히 책을 읽고 차를 마시는 걸 즐기게 되었으며, 집으로 친구를 부르게 되었다. 마침내 내가 바라는 행복이 별 게 아니라는 것도 알게 되었다. 투덜대는 것도 하지 않게 되었다.

세상에는 다양한 삶의 방식이 있다는 걸 알려주고 싶다. 지금보다 더 나은 삶을 찾는 사람들에게 자신의 삶에 대해 한 번쯤 생각해보는 계기가 되었으면 좋겠다. 가만히 있으면 뒤처질 거라는 생각으로 늘 근심하고 걱정하는 젊은이들에게, 어떻게 늙으면 좋을까 고민하면서 막막해하고 불안해하는 나이 들어가는 사람들에게, 그리고 늘 뭔가를 해야 한다는 생각으로 그저 열심히 살아가는 누군가에게, 잠시라도 휴식과 위로가 되면 좋겠다. 영국의 시골 이야기가 우리의 삶 속에 잔잔하게 스며들 수 있다면 더 바랄

게 없겠다.

   처음으로 내게 글을 쓰라고 한 한명석 작가와 끊임없이 내게 책을 쓰라고 한 정혜영 교수에게 감사의 마음을 전하고 싶다. 오랜 친구 미셸과 스텔라에게는 특별한 감사를 보내고 싶다. 다른 영국 친구들에게도 고맙다는 말을 하고 싶다. 나의 영국 생활이 풍요롭고 행복했던 것은 다 그들 덕분이었다. 그들이 없었더라면 이 책을 쓸 수 없었을 거다. 늘 곁에서 응원해 준 가족 모두에게도 고마움을 전하고 싶다. 그리운 아버지와 어머니에게도 이 책을 보여드리고 싶다.

1부. 복잡하고 미묘한 영국의 문화 규칙

영국의 문화는 매우 복잡하고 세밀하다. 동시에 미묘하고 은근하다. 알지 못하면 그들을 이해하기 어렵다. 겉으로는 드러나지 않는 영국인의 모습, 행동, 말 등을 소개한다.

2부. 소박하고 우아한 영국인의 일상

영국인의 삶은 변함이 없고 단순하다. 그들이 일상에서 느끼는 소소한 행복, 좋아하는 것에서 느끼는 자기만의 즐거움, 그리고 다른 사람들을 배려하며 사는 우아함을 소개한다.

3부. 가지 않았더라면 몰랐을 영국인의 사는 방식

오래된 과거의 모습을 보면서 내가 앞날을 생각하고 미래를 상상한 것이 신기하다. 변하지 않은 나라에서 내가 변한 것이 신기하다. '오래된 것은 믿을 수 있으니까'라는 생각으로 그들의 오래된 삶의 방식이 미더웠다. 영국에 가서야 겨우 알게 된 것과 가지 않았더라면 영원히 몰랐을 것을 말한다.

4부. 늙어서도 삶을 즐기는 영국의 노인들

영국의 노인들은 여전히 하던 일을 하고, 하고 싶은 일은 찾아서 한다. 삶을 적극적으로 누리며 재미와 의미를 놓치지 않는다. 밝고 건강하게 삶을 즐기는 노인들의 모습을 담았다. 영국인의 품격 있는 태도와 우아한 삶을 소개한다.

프롤로그   4

복잡하고 미묘한 영국의 문화 규칙

아직도 계급이 있다	15
영국 음식은 없다	19
언제나 날씨 얘기부터 하는 이유	23
혼자서도 줄을 서는 사람들	26
늘 유머가 깃들어 있는 대화	30
평상복과 외출복의 구별은 없다	34
쉽게 버리지 않는 문화	38
'부탁합니다.'와 '감사합니다.'	42
이럴 때는 홍차를 마셔 보세요	46
좋은 사람인 척하며 사느라 힘들다	49
지킬 것은 지키는 사람들	53
복잡하고 미묘한 암호들	57
영국인다운 멋진 말	62

 # 소박하고 우아한 영국인의 일상

고스란히 간직해온 아름다움	69
꽃이 지천으로 피어 있는 나라	74
평화가 어떻게 생겼는지 궁금하세요?	79
삶을 천천히 즐기는 방법	83
가장 행복하다고 느끼는 시간	87
남다른 동물 사랑	91
행운을 부르는 말	96
시간을 길게 바라보는 사람들	99
가장 나다울 수 있는 곳	103
좋아하는 것이 많은 삶	107
요즘 영국의 트렌드	111
인생을 멋지게 마무리하는 방식	115
이토록 다른 영국인과 미국인	119

가지 않았더라면 몰랐을
영국인의 사는 방식

영국을 알아가는 지름길	125
한 번 친구는 평생 친구	129
시골에 살아 봐서 얼마나 다행인지!	132
하늘 이야기를 하는 나라	136
말도 안 되게 지루한 사람	140
아침은 삶을 디자인하는 시간	144
좋아하는 것으로 하루를 채우는 것	148
댁에서 패션쇼를 해도 될까요?	152
재미있는 양말을 신고, 알록달록하게 산다	155
앞을 바라보며 미래를 상상한 나라	160
가지 않았더라면 알지 못했을 것	165
가지고 있는 것을 주는 일	169

# 늙어서도 삶을 즐기는 영국의 노인들

나이 얘기를 하지 않는다	175
친절을 삶의 목표로 삼아라	179
불평을 세지 말고 축복을 세어라	182
어떻게 입는가는 언제나 중요한 문제	185
중요한 사람이라는 의미	188
사람이 들락날락하는 집	191
내 삶에 넣고 싶은 시간	195
밝고 건강하게 삶을 즐기는 모습	198
식사는 일이 아닌 삶의 가장 큰 기쁨	203
천천히 보내고 느긋하게 느끼는 게 목적	208
오랫동안 원했던 것을 하기에 딱 좋은 때	212
점점 늙고 있는데 조금 진화된 느낌	216
이제는 따뜻한 게 더 멋있다	220

1부

복잡하고 미묘한
영국의 문화 규칙

아직도 계급이 있다

영국은 여전히 계급이 있는 나라이다. 타고난 계급이 사회 전반에 걸쳐 세세하게 녹아 있고, 삶 구석구석에 깊숙이 스며들어 있다. 부와 직업과는 별반 관계가 없고, 말, 행동, 취향, 생활 습관 등과 관련이 있다. 생활 곳곳에서 온갖 은밀한 형태로 드러나지만, 간접적이고 은근해서 외국인은 알아채기 어렵다. 그들은 만나자마자 상대방의 계급을 확실히 구별해 낸다.

말에서 가장 두드러지게 나타난다. 계급에 따라 다른 단어를 쓰거나 다르게 발음하는데, 그 방식이 무척 다양하고 복잡하다. 점심을 '디너(dinner)', 저녁 식사를 '티(tea)', 화장실을 '토일렛(toilet)'이라고 말하면 노동계급이고, 저녁을 '디너(dinner)'나 '서퍼(supper)'로, 화장실을 '루(loo)'나 '래버토리(lavatory)'라고 말하면 상류계급이라는 식이다. 나는 영국에서 수년을 보내고 난 후에야 그 사실을 책으로 알게 되었다.

옷차림으로도 드러난다. 유행에 뒤처지고 오래된 듯한 옷을 입으면 신분이 높고, 번쩍거리고 지나치게 차린 옷을 입으면 신분이 낮다. 상류층 남자는 여름에도 긴바지에 긴소매 셔츠를 접어서 입고, 상류층 여인은 대개 화장을 하지 않은 민얼굴에 야단스럽지 않은 수수한 옷을 입는다.

집의 정원도 계급을 말해 준다. 상류층 정원은 연한 파스텔톤으로 자연스럽고 여유롭다. 꾸미지 않은 듯하지만 실은 애써 시간을 들여 그렇게 가꾼 노력의 결과이다. 하류층 정원일수록 알록달록하고 강한 원색이면서 질서정연하고 화려하다. 그걸 몰랐던 나는 지나가다가 화려한 정원을 보면 그저 예쁘게 잘 꾸며 놓았다고만 생각했었다.

영국의 정원

계급은 집을 장식하는 방식으로도 나타난다. 신분이 높을수록 오래된 골동품이나 물려받은 가구와 물건들이 많은데, 그들은 그런 오래되고 낡은 물건들을 자랑스러워한다. 대개 바닥은 나무로 되어 있고 낡은 페르시안 카펫이 깔려 있다. 물려받은 가구나 물건이 없는 사람들은 새로 산 물건들로 장식한다.

모두가 금세 알아챌 수 있다는 데도 아무도 계급 이야기를 입 밖으로 말하지 않는다. 계급을 자연스럽게 받아들이고, 마치 계급이 존재하지 않는 양 살아간다. 그들은 돈 이야기도 하지 않는다. 나는 여태까지 그들이 계급 이야기를 하는 걸 들은 적이 없다. '집은 몇 평인지?', '집값은 얼마인지?', '물건이나 옷은 얼마를 주고 샀는지?' 같은 이야기를 들어 본 적이 없다.

영국인은 돈벌이에 큰 가치를 두지 않는 듯하다. 명예와 존경 같은 정신적인 가치와 나 자신만이 아닌 사회를 위한 일을 중요시한다. 공동체의 행복을 추구하면서, 크고 작은 다양한 사회 활동을 한다. 직접 뭔가를 하거나 참여하는 모습을 쉽게 보는데, 굳이 안 해도 되는 일을 자발적으로 만들어 즐기는 것도 같다.

내가 본 영화에서 귀족은 마을 주민들에게 자선을 베풀었는데, 내가 만난 보통 사람들도 그랬다. 이웃에 살던 존 할아버지의 옷차림은 허름했고, 그의 정원은 가꾸지 않는 듯 자연에 가까웠다. 직원의 결혼식 날, 그는 신랑과 신부에게 자신이 수집한 앤티크 자동차를 타도록 해서 영화 속에서나 볼 수 있는 황홀한 드라이브를 선사했다.

친구 스텔라는 친구들에게 자신이 만든 코스 요리를 대접하는 것으로 수익금을 만들어 기부했다. 스텔라의 남편 하워드는 자신의 생일날, 친구들로부터 선물을 받는 대신 함께 돈을 모아 어려운 학생을 도왔다. 또 다른 친구는 얼마 전에 은퇴했는데 이제는 자원봉사만 한단다.

영국인은 타고난 신분을 그저 담담히 받아들이는 듯하다. 뭐든지 될 수 있다고 믿는 아메리칸 드림을 꿈꾸지 않는 것 같다. 나이, 성별, 지위에 따른 위아래가 없다는 평등 의식으로 서로 동등하게 대한다. 각자에게는 각자에게 맞는 행복이 있다고 믿으며, 스스로 즐거움을 찾고 만족하며 산다. "모든 활동이 개인의 이득과는 거리가 먼 일들이다. 이른바 '내가 모르는 타인을 위한 고상하고 고귀한(noble and respectable) 일들'과 관련이 있다."(권석하, 『영국인 재발견』)라고 했다. 나는 이것이야말로 영국을 이끌어 가는 진정한 힘이라고 믿는다.

영국 음식은 없다

영국에는 내세울 만한 음식이 없다. 홍차, 토스트, 계란, 베이컨, 소시지, 토마토, 버섯 등으로 이루어진 푸짐한 '잉글리시 브렉퍼스트(English breakfast)'가 있지만, 대부분의 영국인은 이제 먹지 않는다. 대신 관광객들이 영국식 민박집인 '베드 앤 브렉퍼스트(Bed & Breafast)'에서 먹는다. 금요일에 먹는 '피시 앤 칩스(fish and chips)', 일요일에 먹는 '로스트 비프와 요크셔 푸딩(roast beef and Yorkshire pudding)', 익힌 감자에 여러 가지 토핑을 얹어 먹는 '재킷 포테이토(jacket potato)' 정도가 있다.

잉글리시 브렉퍼스트

재킷 포테이토

영국 음식은 없지만, 식사 예절은 세세하게 있다. 천천히 적게 조용히 먹어야 한다. 씹을 때는 소리를 내지 않으며, 입에 음식을 넣은 채로 말하지 않는다. 빵은 입으로 베어 먹지 않고, 한입에 먹을 만큼 작게 손으로 떼어서 먹는다. 포크는 왼손에 나이프는 오른손에 잡고, 포크의 끝은 위가 아니라 아래를 향해야 한다. 집기도 어려운 완두콩을 포크의 등 위에 얹어서 먹는 모습을 보았을 때는 마치 묘기를 본 듯했다. 음식을 자른 후에도 포크를 다른 손으로 옮기지 않으며, 식사가 끝날 때까지 두 손으로 이렇게 먹어야 한다. 음식이 맛없고 종업원이 불친절해도 따지거나 불만을 말하지 않는다. 대신 친구들에게 그 식당을 추천하지 않는 것으로 항의한다.

집에서는 큰 접시에 담은 음식을 식탁의 중앙에 놓고 각자 접시에 덜어서 먹었다. 식당에서는 각자 주문하고 각자 먹는데, 우리처럼 서로 다른 것을 주문해서 함께 맛보는 일은 없었다. 나누기 쉬운 피자도 자기 앞에 한 판씩 놓고, 커플인데도 따로 먹는 모습을 종종 보았다. 케이크 한 조각을 둘이 나눌 때, 우리는 그대로 놓고 각자 포크로 잘라서 먹는데, 그들은 케이크의 삼각기둥 모양대로 반으로 잘라서 서로 다른 접시에 옮겨서 따로 먹었다. 우리는 나눠 먹으면서 경계가 무너지는데, 그들은 나누면서도 경계가 있는 듯했다.

영국에 가면서 친구들에게 줄 선물을 잔뜩 가지고 갔을 때가 생각난다. 나를 위한 환영의 피크닉이라고 해서 김밥을 나눠 먹는 우리네 소풍을 생각하고 빈손으로 갔다. 각자 자기 샌드위치를 꺼내어 각자 먹는 친구들을 보고, 얼마나 당황했던지! '바리바리' 들고 간 선물 생각에 얼마나 섭섭했던

지! 무안해진 나는 얼른 핑계를 대고 샌드위치를 사러 갔다.

영국인은 먹는 것에 열정이 없고 무관심하다. 많이 먹는 것과 음식 얘기를 많이 하는 것을 천박하게 생각한다. 검소함이 몸에 배어서인지 음식도 절제하는데, 키 크고 덩치 큰 그들이 우리보다 적게 먹어서 놀랐다. 샌드위치 한 조각을 점심으로 먹었고, 먹고 남은 음식이나 차가운 샌드위치도 저녁이 되었다. 매일 감자튀김을 먹는 사람들과 질 낮은 학교급식을 먹는 아이들을 보면서 이래도 되나 싶었다.

그런 영국이 최근 달라지긴 했다. 전통을 중시하고 변화를 싫어하는 사람들이 다른 나라의 음식을 받아들이면서 요리에 관심이 높아졌다. 요리책이 베스트셀러 순위에 오르고, 텔레비전에는 요리 프로그램이 많아졌다. 유명 셰프가 신선하고 좋은 재료로 만든 요리를 소개하고, 부실한 학교급식에 변화를 몰고 오며, 영국의 음식 산업을 움직였다. 옛날 방식의 가축 방목을 주장하며 사회운동까지 벌였다. 덕분에 밍밍하고 맛없던 음식이 맛있어졌고 질도 좋아졌다. 이제는 영국에서 전 세계의 음식을 다양하게 맛볼 수 있다. 영국 음식이 맛없다는 말은 옛날이야기가 된 듯하다.

요즘 한국 사회는 건강과 음식에 대한 열정과 관심이 대단하다. 텔레비전에서는 몸에 좋은 음식과 운동을 소개하고, 공원과 산책로에는 운동기구가 설치되어 있다. 사람들은 맛집을 찾아가고, 맛있는 음식을 먹으며, 건강을 위해서 운동을 한다. 나는 운동 삼아 설은 후 건널목에서 신호를 기다리며 무심코 발목을 돌렸다. 건너편에 서 있는 아저씨는 허리를 돌렸다. 난간에 다리를 올려놓고 스트레칭을 하는 아줌마도 있었다. 영국의 공원에는 운동기구가 없고, 영국의 길거리에는 이런 사람들이 없다. "왜 그럴까?"라고 물으니, 남편은 "걔네들은 우리보다 덜 뻐근하나 보지."라고 해서 함께 웃었다.

   한국에 오래 산 영국 할머니가 말했다. 우리는 늘 건강을 챙기며 "건강하세요."라고 인사하는데, '건강하면 뭘 할 건데?'는 생각하지 않는다고 했다. 모두가 좋은 대학에 가려고 공부하고, 돈 많이 벌어서 성공하려고 일하는데, 좋은 대학 나와서 성공하면 뭘 하려는지 모르겠다. 살 빼려고 매일 걷는 나는 살을 빼서 무얼 하려는 걸까?

언제나
날씨 얘기부터 하는 이유

영국인들이 "We are shy."라고 말할 때마다 나는 터무니없어했다. '아니, 키 크고 덩치 큰 서양인이 부끄럼을 탄다고?'라며 고개를 갸웃거렸다. 서양인에게 동양인은 정말로 어려 보이듯, 서양인은 모두 활달하고 사교적이라고 지레짐작한 거였다. 4년 반을 산 미국에서는 마주치는 사람마다 웃으며 인사를 하던데, 매일 딸의 등굣길에서 만난 영국 여인들은 그렇지 않았다. 늘 자기들끼리 인사하고, 같은 사람들끼리 모여서 이야기를 나눴다.

영국인은 친절하지만 비사교적이다. 예의 바르지만 쌀쌀맞고, 유머러스하지만 과묵하다. 수줍어서 낯선 사람과는 눈을 맞추지 않으며, 먼저 인사를 하지 않는다. 말이 적고, 몸짓과 손짓이 적다. 내성적이어서 차갑고 무뚝뚝하게 비치고, 소극적이라서 표현이 애매모호하고 단호하지 않다. 자신을 스스로 소개하지 않으므로, 새로운 사람과 인사할 때는 '소개를 해 주는 사람'이 있어야 한다. 할 말이 별로 없고 쉽게 어색해지므로, 대화할 때는 '차 한 잔'이 있어야 한다. 영국에 산 지 반년쯤 지나서야 딸에게 친구가 생겼고, 나는 딸 친구의 엄마와 차 한 잔을 나눈 후에야 겨우 인면을 텄다.

그들은 만나면 언제나 날씨 얘기부터 했다. 마주하는 것이 어색하고, 익숙하지 않은 사람과는 대화하기 어렵고, 무슨 얘기를 해야 할지 난감해서였다. 영국 날씨는 수시로 변화무쌍하게 변해서 공통 화제로 적합하지만, 모두가 하루에도 몇 번씩 날씨 얘기를 꺼내는 게 흥미로웠다. 그들은 말이 필요 없는 시간을 좋아하는 것 같다. 걷기를 좋아해서 휴일에도 걷고 심지어 여행을 가서도 걷는다. 아무것도 없는 시골길을 혼자 자전거를 타고 간다. 집에서 정원을 가꾸는 일은 온 국민이 즐기는 취미이다. 영국인은 이렇게 말없이 '조용조용' 산다.

버스에서 외국인이 오랫동안 큰소리로 통화를 했다. 사람들은 낯선 사람과 말을 섞고 싶지 않으므로 아무도 말하지 않았다. 불편해하면서도 그저 눈을 내리깔고 무시하거나 눈살을 찌푸리기만 했다. 딸의 어릴 적 친구가 얼마 전에 클럽에서 싸움을 했다는데, 상대방의 눈을 오래 쳐다본 것이 원인일지도 모르겠다. 눈을 마주치는 데 익숙하지 않으므로, 술 취한 젊은이들은 "뭘 쳐다보는데?" 하다가 자주 싸움을 하기도 한단다.

영국의 집은 바깥보다 안이 더 예쁘다. 보이는 앞마당보다 보이지 않는 뒷마당이 더 크고 더 예쁘다. 그들은 가까운 가족과 친구들을 집으로 부르고, 집에서는 서로의 감정을 솔직히 드러내며 사적인 면을 공유한다. 가까운 사람에게는 상당히 열려 있고 친근하며, 놀랄 정도로 따뜻하다. 밖에서는 보이지 않는 집안과 뒷마당처럼, 영국인의 이런 모습은 뒤에 가려져 있어서 영국을 방문하는 외국인은 보기 어렵다.

영국인은 곤란한 이야기는 에둘러서 말한다. 종종 손으로 쓴 카드로 표현하고, 꽃으로 마음을 주고받는다. 친구가 되기는 어렵지만, 일단 친구가 되면 오래도록 친구로 지낸다. 이제 우리나라에서는 친구를 집으로 자주 부르지도 않고 친구 집에 가지도 않는다. 손편지와 축하 카드는 오래전에 사라졌다. 만남은 모두 카페에서 갖고, 모임은 전부 식당에서 해결한다. 죄다 마음 통하는 친구 한 명 없다고 하는데, 그들에겐 우리가 이상하지 않을까?

카드를 파는 가게

다양하고 재미있는 카드

혼자서도 줄을 서는 사람들

영국인에게 줄서기는 천성과도 같다. 그들은 언제 어디서나 줄을 서고, 혼자서도 줄을 설 정도이다. 누가 시키지 않아도 그냥 알아서들 잘한다. 그걸 잘 알고 있는데도 "〈데일리 텔레그래프〉에서 읽었는데, 영국인은 일생 동안 줄 서는 데 6개월을 쓴다."(에릭 와이너, 『소크라테스 익스프레스』)라고 했을 때, 나는 "그렇게나?" 하면서 몹시 놀랐더랬다.

다른 유럽인은 그렇지 않았다. 이탈리아의 시외버스 정류장에서였다. 버스가 도착하니, 제각각 흩어져 기다렸던 승객들이 한꺼번에 마구 몰려들었다. 나는 예매한 티켓을 손에 들고서도 버스를 타지 못할까 봐 전전긍긍했다. 영국에서는 있을 수도 없는 일이라며, 나는 영국인을 떠올렸다.

지금의 '더 공평한 줄서기'가 영국에는 1973년에도 있었다고 한다. 예전에 은행이나 우체국에서 모두 한 줄로 기다렸다가 순서에 따라 창구로 나가는 줄서기 말이다. 이제 우리는 '번호표가 나오는 기계' 덕분에 줄을 설 필요조차 없어졌고, 줄서기 의식이 높아져서 공중화장실에서도 '더 공평한 줄서기'가 지켜진다. 그런데 나는 영국에서 이런 기계를 본 적이 없다. 굳이 변화할

필요를 못 느끼는 영국인은 아직도 은행과 우체국에서 줄을 선다

버스 정류장에 줄을 선 사람들

빵 가게에 줄을 선 사람들

영국에서 유일하게 '줄을 서지 않는 곳'은 퍼브(pub)이다. 웨이터가 없어 주문은 직접 카운터에 가서 하는데, 줄을 서지 않더라도 직원과 손님 모두가 각자의 순서를 잘 알고 있다. 또 버스 정류장에서는 간혹 '보이지 않는 줄'도 있는데, 정류장 가까이에서 차례를 기억하며 기다렸다가 버스가 오면 조용히 순서대로 버스에 타는 거다.

일주일에 한 번 서는 마을의 장날, 제일 인기가 많고 복잡한 채소 가게에서도 줄서기는 어김없이 지켜졌다. 사람들은 비치되어 있는 종이봉투에 채소를 '담은 후'에 줄을 섰다. 한 명이 아니라 '두세 명'의 채소 장수가 각각 순서대로 봉투에 담은 채소의 무게를 쟀고, 추기로 인하는 채소를 담아 주고 난 후에, 계산을 해 주는 거였다. 참으로 공평하고 합리적이고 차분한 방식이었다. 영국인에게 줄서기는 공정함을 실천하는 작은 행동이다. 그들의 공정함은 언제 어디서나 쉽게 볼 수 있다.

새치기는 보기 어렵다. 보더라도 대부분 외면하거나 못 본 척한다. 속으로는 상당히 기분이 나빠도 대놓고 뭐라고는 안 한다. "우리가 의분으로 안절부절못해 하고, 찌푸리고, 투덜거리고, 화를 못 삭여도, 실제로 항의하고 새치기 꾼에게 뒤로 돌아가라고 요구하는 사람은 거의 없다."(케이트 폭스, 『영국인 발견』)라고 했다.

'거의 볼 수 없는 모습'을 나는 보았고 경험했다. 처음으로 소포를 부치러 우체국에 갔는데, 새치기하는 영국 여인을 보았다. 옆에서 줄을 서 있던 나는 물어볼 것이 있어서 창구 앞으로 나갔다. 그 순간, 뒤에 서 있던 할머니가 나에게 큰소리로 "여보세요! 줄 서세요!(Excuse me! Queue up!)"라고 외쳤다. 나는 "물어볼 게 있어서요."라고 말했지만, 그는 새치기를 한 여인은 보지 못하고 새치기를 내가 했다고 생각해서 야단을 친 거였다.

나는 놀라고 부끄러워서 제자리로 돌아가 다시 줄을 서서 기다렸다. 차례가 되어 직원에게 "이렇게 매번 줄을 서야 하느냐? 옆에 서서 주소를 써서 오면 처리해 줄 수는 없느냐?"라고 물었다. 그는 내가 몇 번이나 줄을 선 것을 아는데도, "여기서 처음 일하므로, 난 잘 모른다."라고 했다. 어물쩍 넘기는 그의 대답에서 나는 분명하지 않은 태도로 외면하려는 영국인 특유의 모습을 보는 듯했다.

영국인 문화인류학자인 케이트 폭스는 책을 쓰기 위해서 온갖 실험을 했는데, 그중에서도 새치기가 가장 힘들었다고 했다. "일부러 부딪치기, 집값 물어보기, 직업 물어보기보다 더 힘들었다. 실험할 때마다 새치기를 해야 한다는 생각만 해도 두려울 정도로 부끄러웠다."라고 했다.

  나도 그랬다. 그가 힘들 때마다 실험 중이라고 말할 수 없었던 것처럼, 나도 말할 수 없었다. 아침 일찍부터 우체국에 왔고, 소포의 규격박스를 사느라 줄 섰고, 테이프와 가위를 빌리느라 줄 섰고, 주소를 어디에 적는지 묻느라 줄을 섰다고 말할 수 없었다. 그때 줄을 선 것이 네 번째였다고 말할 수 없었다. 얼굴이 화끈거렸고 몹시 당황스러웠다. 한참이 지난 후, 영국에는 여전히 잘못을 저지른 사람에게 '쩌렁쩌렁' 울리는 목소리로 호통을 치는 어른이 있다는 생각이 들고서야, 얼추 마음이 가라앉았다.

늘 유머가 깃들어 있는 대화

영국인의 삶에서 유머를 뺄 수 없다. 그들의 대화 속에는 늘 유머가 깃들어 있다. 누구나 농담을 하는 건 아니지만, 언제든지 유머를 즐길 준비가 되어 있다. 시간과 장소 따로 없이 인사와 대화에 언제나 농담을 곁들인다. 그저 웃자고 하면서 '늘 진지할 필요는 없잖아?' 하는 거다. 웃는 것이야말로 현재를 사는 거라며 '지금 안 웃으면 언제 웃겠느냐?'고 하는 거다. 영국에 가면 나는 자주 웃고 크게 웃는다.

영국인의 유머는 독특하고 미묘하다. 진지한 것과 장난스러운 것이 만나고, 경쾌함과 심각함이 어우러진다. 자신의 결점을 들추어 웃음거리로 만들고, 자기 인생을 마치 남의 것인 양 한 걸음 떨어져 가볍게 바라본다. "농담을 하는 듯해도 실제 농담을 하는 것이 아니고, 관심을 가진 듯해도 사실은 관심이 없고, 심각한 듯해도 정말 심각한 것이 아니"(케이프 폭스, 『영국인 발견』)라고 했다. 같은 언어를 쓰는 미국인도 그들이 언제 농담을 하는지 잘 모른다고 했다.

내가 뒤늦게 이해한 영국인의 유머를 소개한다. 여름마다 가서 지내는 영국 집에 도착했는데 쓰레기통이 없었다. 집주인에게 물으니 "요즘에는 투숙객들이 쓰레기통을 기념품으로 가져가나 보다."라고 했다. 한바탕 터진 웃음 덕분에 긴 여행의 피로가 '스르륵' 누그러졌다.

친구들과 퍼브에서 점심을 먹고 나왔는데 비가 많이 내렸다. 남자들이 주차장에 차를 가지러 간 사이, 여인들은 입구에서 기다리고 있었다. 한 남자가 비를 맞은 채로 개를 끌고 들어왔다. 크고 무섭게 생긴 개를 보고 놀라서 살짝 움츠러들었는데, "걱정 마요. 아침에 밥 먹였으니까.(Don't worry. I fed her this morning.)"라고 했다. 웃지도 않고 무뚝뚝하게 말하는 그들만의 유머였다.

친구 미셸은 길치이다. 일자리 면접에서 면접관이 자신의 강점과 약점을 물었단다. 약점은 역시나 방향감각이 없는 것. 면접을 마친 후, 그는 면접관에게 어느 문으로 나가는지 물었단다. 면접관도 웃고, 미셸도 웃고, 그 얘기를 들은 나도 웃었다.

처음 내비가 나오던 시절이었다. 미셸은 내비를 사러 가서 "바보 멍청이(idiot)도 쓸 수 있는 걸로 주세요."라고 말하고, 그걸로 샀다고 했다. 노인을 돌보는 일을 하면서 가끔 케이크를 구워 주었을 때, 할아버지가 감사의 표시로 돈을 꺼내줄라치면 "우리 남편보다 더 친절하시네요."라고 했단다. 영국인은 말을 많이 하지도 않고 늘 조용히 말하는데, 대화 속에는 유머가 흘러넘쳤다. 우리보다 더 많이 웃었다.

유머가 적힌 벽 장식

그들은 인생이 아이러니라는 것을 이미 아는 것 같았다. 우스꽝스러운 유머로 인생을 비웃고, 놀리고, 비꼬고, 비틀었다. 유머를 휴식 삼아 쉬어 가면서 그때그때의 삶을 만끽했다. 드러내 놓고 털어놓아 함께 웃으며 있는 그대로의 모습을 사랑했다. 징징대고 투덜대느라 시간을 손가락 사이로 흘려보내지 않았다. 웃음을 진지함보다 우위에 놓고, 인생이란 수선 피울 일이 아니라며, 주어진 시간을 현명하게 사용했다. 유머는 교양 있는 기술이었다.

우리가 바라는 행복이 크고 대단한 것이 아닐지도 모른다. 그저 지금보다 '조금만 더' 행복하고 싶은 게 아닐까? 유머가 '좀 더 자주' 웃을 필요가 있다는 것을 상기시켜 준다. 웃음보가 터지는 순간을 놓치지 말아야 한다.

모든 게 '뒤죽박죽'일 때도 호탕하게 '하하하' 웃어넘기고, 걱정과 불안으로 앞이 캄캄할 때도 바보처럼 '히죽히죽' 웃을 수 있다.

유머가 적힌 생일 카드

'모든 것에 이길 수는 없지만 모든 것에 웃을 수는 있다.(You can't win at everything but you can laugh at everything.)' 웃음으로 승화된 인생이 성공이 아니라면 무엇이 성공이겠는가? 나의 행복에 이런 '소신'만 가질 수 있다면, 내가 바라는 행복은 가깝고도 단단한 거다.

평상복과 외출복의 구별은 없다

영국인은 옷을 잘 못 입는다. 계절과 날씨에 상관없이 아무 옷이나 입고, 유행에 뒤떨어진 옷도 아랑곳없이 그냥 입는다. 수십 년은 된 듯한 구닥다리 코트, 팔꿈치를 덧댄 재킷, 낡은 스웨터가 영국에서는 이상하거나 별스럽지 않다. 대부분 갈색, 회색, 베이지색 같은 기본적인 색깔에 디자인까지 밋밋해서 점잖기는 해도 약간 촌스럽다. 처음 영국에 갔을 때, 마치 과거로 돌아간 것 같은 느낌이 들었던 것이 단지 오래된 건물 때문만은 아니었을지도 모르겠다.

영국 친구의 가족 연주회에 갔을 때였다. 예절을 중시하는 나라에서 연주자는 구겨진 셔츠와 티셔츠를 입었고, 초대받은 손님들은 평상복을 입었다. 청소년 오케스트라 연주회에도 갔는데, 검은색과 흰색으로 통일한 지휘자와 단원들의 복장이 수수했고, 청중의 옷차림은 캐주얼했다. 결혼기념일이라서 근사한 레스토랑에 간다는 친구가 옷차림에 개의치 않았다. 갤러리에서 전시를 보고 고급 찻집에서 '애프터눈티(afternoon tea, 삼 단 접시에 샌드위치, 스콘, 크림Cornish clotted cream, 미니 케이크, 마카롱이 홍차와 함께 나온다.)를 마시자며 런던까지 갔을 때도 여인들의 옷차림은 평소 그대로였다.

영국인의 옷차림

쭉 이상하고 신기했는데 실은 이랬다. 영국에는 전통 복장이 없고, 더 이상 복장에 대한 규정도 없다. 아무튼, 지키는 거 하나는 잘하는 사람들인데, 옷을 어떻게 입어야 하는지 정해져 있지 않으니 어떻게 입어야 하는지 모른다는 거다. 특별한 날에는 특별한 옷으로 차려입고, 허드렛일을 할 때는 허드레옷으로 갈아입지만, '집에서 입을 만큼' 편하고 '외출해도 될 만큼' 반듯한 복장으로 거의 어디든지 갔다. 평상복과 외출복의 구별까지 없는 것은 예상 밖의 일이었다.

영국인은 상대를 겉모습으로 판단하지 않으므로 옷차림에는 별로 신경을 쓰지 않는다. 선천적으로 타고난 스타일이나 센스도 없다. 멋진 명품은 있지만, 그건 외국인에게 더 인기가 있는 듯하다. 명품 아웃렛에는 외국인들이 가득했고, 근검절약하는 영국인은 비싼 옷을 입지 않았다. 영국을 생각하면 흔히 버버리 코트를 떠올린다고 하지만, 나는 영국에서 고가의 버버리 코트를 입은 사람과 명품가방을 든 여인을 본 적이 없다. 화장을 하고 잘 차려입은 여인들은 텔레비전에서만 볼 수 있을 뿐이었고, 할머니들은 대개 꽃무늬 원피스나 주름 스커트를 입었고, 대개 여인들은 민낯에 수수하고 평범한 옷차림이었다.

남자들은 옷을 더 못 입는다. 옷에 관심이 없을 뿐만 아니라 세련되게 입으려는 생각도 없다. 그저 적절하게 제대로 입는 것이 중요하다. 상류층의 나이든 남자는 티셔츠보다는 와이셔츠를 좋아하고, 계절에 상관없이 옷을 더 많이 겹쳐 입으며, 코트와 모자까지 갖춘다. 허리가 구부정한 할아버지가 여름인데도 정장 바지와 와이셔츠를 차려입었고, 손님들의 아침을 나르는 흰머리의 민박집 주인이 와이셔츠 차림에 구두까지 신었다.

그들은 남들보다 더 눈에 띄는 것을 원하지 않는다. 어떻게 하면 너무 튀지도 않고 빠지지도 않을까, 어떻게 하면 남에게 창피를 당하지 않을까 걱정한다는 거다. 본인이 자랑하고 싶어 하는 것처럼 보일까 봐, 잘 보이기 위해서 너무 노력한 것이 드러날까 봐 걱정한다. 그냥 적당히 입어서 잘 받아들여지고 잘 어울리기를 원한다. 신분이 높을수록 상표가 크게 드러나지 않는 옷, 지나치지도 않고 야단스럽지도 않은 옷, 유행에 뒤처지고 더 오래된 듯한 옷을 입는다.

내 모습을 돌아봤다. '편한 게 먼저라면 늙은 거다.(You're old when comfort comes first.)'라는 말에 할 말이 없는데도, 나는 여전히 외출복에 신경을 쓴다. 나이를 의식하고 체면까지 차리느라 복잡하고, 패셔너블할 필요는 없어도 스타일만은 놓치고 싶지 않다면서 까다롭다. '평생 쇼핑을 했는데도 입을 옷이 없다.(I've shopped all my life, but still have nothing to wear.)'라는 말은 꼭 내가 하는 말 같다.

영국 텔레비전에서 패션 전문가가 나잇살이 붙은 여인들에게 옷 입는 법을 일깨워 줬다. "중요한 건 옷이 아니라 자신감이다.(It's all about confidence.)"라고 몇 번이나 강조했다. '이러쿵저러쿵' 했는데, 나는 더 이상 덧붙일 말이 없었다.

쉽게 버리지 않는 문화

영국에 가면 우리가 얼마나 잘살고 풍족한지 알게 된다. 우리가 얼마나 자주 돈 얘기를 하는지, 얼마나 크고 빠르고 비싼 것을 좋아하는지 돌아보게 된다. 더 나아가, 우리가 얼마나 쉽게 새것으로 바꾸며 사는지도 깨닫게 된다. 이제 우리는 '절약'과 '절제'가 무엇인지도 모를 것 같다.

남편 친구가 매년 옥스퍼드대학의 강의실을 빌려서 어머니, 동생, 아내, 아이들과 함께 연주하는 가족 음악회를 여는 것도 놀라운데, 집에서 구운 케이크로 차린 뒤풀이 상차림이 너무나 소박해서 또 놀랐다. 우리는 늘 '대접'하느라고 또 '체면' 차리느라고, 이왕이면 좋은 것으로 많이 차리지 않나? 한국에 시집온 일본 친구는 제일 이해하지 못할 한국 문화가 남을 줄 알면서도 언제나 너무 많이 만드는 제사 음식이라지.

영국인은 우리처럼 '후딱후딱' 부수고 새로 짓지 않는다. 변화를 싫어하고 이사를 싫어해서 오래도록 살던 집에서 예전 그대로 산다. 영화 〈러브 액츄얼리〉에서는 그들이 얼마나 '촘촘히 붙은 오래된' 집에서 사는지, 〈로맨틱 홀리데이〉에서는 얼마나 '작고 불편한' 집에서 사는지 금세 알 수 있다.

앤티크 가게와 시장에서는 골동품뿐만 아니라, 냄새나고 해어진 헌 옷, 깨진 안경, 오래된 유리병, 녹슨 연장 같은 별거 아닌 것까지도 팔았다. 텔레비전에서 '어릴 적 인형'이나 '할아버지가 쓰던 상자' 같은 낡아서 망가진 물건을 수선해 주는 프로그램을 보았다. 사람들은 본래의 모습을 되찾은 물건을 받아들고 감동하며 눈물을 훔쳤다. 버스 정류장에는 '감정이 어린 물건이라 소중하다.'라면서 잃어버린 물건을 애타게 찾는 글과 사진이 붙어 있곤 했다.

시장에서 파는 오래된 유리병

영국인은 2차 대전의 내핍을 기억해서 아직도 근검절약한다. 설거지할 때는 물을 받아 한꺼번에 씻고 수돗불에 헹구지 않고 행주로 닦는다. 다 먹은 과자 상자나 아이스크림 통을 그냥 버리지 않고 다시 쓴다. 사용하지 않는 물건은 '채리티숍(charity shop, 자선단체가 운영하는 상점)'에 기증하고, 빗물은 모았다가 정원의 꽃과 나무에게 준다.

빗물을 저장하는 통

처음 영국에 왔을 때, 우리 가족이 임시로 묵었던 게스트하우스는 200년이나 된 집이어서 모든 것이 낡았다. 마루는 걸을 때마다 삐걱거렸고, 침대는 누우면 '푹' 꺼졌다. 여기서 어떻게 살까 걱정하며 마음이 몹시 울적했다. 중고 자동차를 샀는데, 창문은 손잡이를 돌려서 열어야 했고, 에어컨은 없었다. 살던 집은 작았고, 히터는 있어도 따듯하지 않았다.

30여 년을 지켜보았는데도 그들은 별로 달라지지 않았다. 스위치를 켜고 화면이 뜰 때까지 기다리는 텔레비전과 몸 전체를 밀고 당기는 무겁고 시끄러운 진공청소기를 아직도 사용한다. 여전히 외식은 비싸고, 배달 음식은 없고, 늦도록 여는 상점과 식당도 없다. 물가는 비싸도 생활필수품과 식품의 가격은 저렴하다. 냉장고가 작아서 자주 장을 보러 간 덕분에 우리는 집에서 신선한 음식을 먹었다.

미국에 사는 아들네가 수년 만에 한국에 왔다. 아들이 "필요한 건 다 있고, 주문하면 신속하게 문 앞까지 가져다주고, 아프면 곧바로 병원에 갈 수 있다."라고 말하며 새삼 감탄할 때, 나는 우리나라가 얼마나 살기 좋은 나라인지 어깨를 으쓱거렸다. "미국은 분리수거를 '대충대충' 하는데, 우리는 철저하게 하네."라고 말할 때, 나는 마치 영국인이 그러하듯 혀를 '쯧쯧' 차면서 세계에서 가장 부유한 나라를 나무랐다.

　며느리로부터 생일 선물로 최신식 헤어드라이어를 받았다. "이제 격식으로 하는 선물은 하지 말고, 생각날 때 마음으로 하는 선물만 하자."고 말한 바 있는데, 나의 구식 드라이어를 보고 마음이 쓰였단다. 막상 선물을 받고 보니, 철저한 분리수거가 다가 아니었다. 이내 '헌 것은 어떻게 하지?' 하면서 마음에 걸렸다. 결국, 며느리에게 드라이어 대신 내가 필요했던 물 주전자를 선물로 받았다.

　스텔라와 나는 "우리 모두 환경을 생각해서 불편을 감수하고 대가를 치러야 할 시대가 올 거다."라는 얘기를 나눈 적이 있다. 새 드라이어를 사지 않았다고 해서, 또 다른 쓰레기를 만들지 않았다는 것만으로, 환경보호에 도움이 될 수는 없겠다는 생각이 들었다. 그전처럼 그냥 넘어갈 수가 없었다. 내가 어쩌다 그리되었는지는 확실치 않지만, 굳이 그래야 할 것만 같았다. 이제는 너무 쉽게 버리면 안 될 것 같았다. 이건 나 스스로를 넘어서는 일이기도 했고, 시대정신에 맞는 일이기도 했다.

'부탁합니다.'와 '감사합니다.'

영국인에게 예절은 품격을 의미한다. 품격을 떨어뜨리는 말과 행동을 하는 영국인은 보기 어렵다. 예절에는 세세한 규칙이 있는데 알면 편할 때도 있다. 저녁 식사에 초대받아 갈 때는 와인을 선물로 들고 가고, 점심이라면 무알코올 음료를 들고 가면 되는데, 꽃은 언제고 환영받는 것 같다. 하지만 알기 어려운 규칙이 더 많다. 분명하지도 않고 복잡해서 알기 어려운데, 모르면 결코 영국인을 이해하지 못한다고 한다. 자신들도 설명하기 어려운지, 물어볼 때마다 스텔라는 "미묘하다.(subtle.)"라고 했다.

아들이 어릴 적에 영국에 살았다. 집에 놀러 온 아이들이 돌아갈 때는 늘 "와서 놀게 해 주셔서 감사합니다.(Thank you for having me.)"라고 인사했다. 아이가 잊어버리고 인사를 하지 않으면 데리러 온 부모는 아이에게 뭔가 잊어버린 것이 없냐고 물으며 반드시 그 말을 하도록 했다.

나이, 성별, 지위에 위아래가 없이 동등하므로 갑을 관계가 없다는 나라에서는 직원이 손님을 공손하게 대하듯, 손님도 직원에게 공손해야 한다. 손님이든 직원이든 무언가를 요구할 때는 "부탁합니다.(please.)"를 붙여서 말하고, 그 요구가 충족됐을 때는 "감사합니다.(thank you.)"라고 말해야 하는 거다.

영국 여인들과 런던에 갔다. 250년 전, 영국의 예술 발전을 위해 시작했다는 왕립예술원 여름 전시회(Summer Exhibition of Royal Academy of Art)를 보러 갔다. 누구나 출품할 수 있고 작품의 가격은 출품 작가가 알아서 매기므로 매우 민주적이고 영국적이라고 생각했다. 넓은 방마다 높은 천장까지 많은 작품이 걸려 있었고, 작품의 사진을 찍고 수첩에 기록하며 진지하게 감상하는 노인 관람객들이 많았다. 여인들은 작품을 꼼꼼히 들여다보면서 '하나하나' 서로의 느낌을 주고받았다. 와인 병에 걸레를 얹어 놓은 작품 앞에서는 "우리도 할 수 있다."라며 '깔깔깔' 웃었다.

왕립예술원 여름 전시회

와인 병에 걸레를 얹어 놓은 작품

고급 '티하우스(tea house)'에도 갔다. 반짝거리는 샹들리에와 검은 벽에 걸린 금빛 액자가 화려했다. 빨간색 가죽 등받이 의자와 자주색 벨벳 의자는 럭셔리했다. 스텔라와 나는 '애프터눈티'를 주문했고, 다른 친구들은 '치즈 플래터(cheese platter, 각종 치즈, 포도, 크래커, 호두 등이 나온다.)'를 주문했다. 홍차와 화이트 와인을 마시며 한껏 즐기려던 차에 스텔라가 "스콘과 함께 나온 크림은 크림이 아니라 버터이다."라며 직원을 불렀다. 직원은 "여기서는 버터를 사용하지 않으므로, 크림이 분명하다."라며 크림을 통째로 가져와서 보여줬다.

손님이 직원에게 물어보고 요구할 때마다 정중하게 예의를 지키는 모습을 보았다. 직원이 손님에게 자신이 아는 바를 말할 때마다 당당하게 주장하는 모습을 보았다. 서로의 주장이 좁혀지지 않은 채로 대화가 길어지면 우리나라에서는 손님의 큰 소리나 직원의 사과하는 소리가 들렸는데, 이들의 대화에서는 '부탁합니다.'와 '감사합니다.'라는 소리가 가장 많이 들렸다. 그들이 '부탁합니다.'와 '감사합니다.'라고 말할 때마다 상황은 점점 더 조용해졌고 차분해졌다. 모두를 동등한 인간으로 대하는 영국인의 평등 의식을 나는 현장에서 직접 본 것 같았다. 결국, 크림이 버터인지 아닌지는 밝혀지지 않았는데, 사실 그런 건 아무에게도 중요하지 않은 듯했다.

집에 돌아오자마자 여인들은 이메일을 주고받았다. 입장권을 예매해 준 친구, 버스 터미널까지 운전해 준 친구, 간식을 준비해 온 친구에게 일일이 '한 번 더' 감사를 전하는 거였다. 작년 이맘때, 그들은 쓰고 남은 판자에 못을 박아 페인트칠을 해서 '말도 안 되는 작품'을 만들어서 '말도 안 되는 가격표'까지 붙였더랬다. 그걸 보면서 다 함께 '하하하' 웃었던 기억이 있다. 이번에는 '와인 병과 걸레'라는 작품에서 영감을 얻어 '빗자루와 빨래집게와 양철통'이라는 작품을 만들어 사진까지 찍어서 보여 줬다. 영국에서는 칠십이 다 된 여인들이 이렇게 놀았다. 그들이 삶을 즐기는 방식을 보면서, 영국의 예술은 그렇게 발전하는지도 모르겠다는 생각도 들었다.

'부탁합니다.'와 '감사합니다.'는 영국인에게 대단히 중요한 규칙이자, 그들이 가장 많이 쓰는 말이다. 기본을 지키고 서로를 존중하는 데 이만큼 좋은 말이 있을까? 상대에게 어떻게 말하는가는 그가 어떤 사람인지를 보여 준다. 그날, 나는 그들의 말을 들으며 그들을 지켜봤다. 상대를 얼마나 동등하게 대하고 배려하는지를 보았다. 영국에는 공손의 규칙까지 정해져 있었다.

이럴 때는
홍차를 마셔 보세요

홍차는 영국인에게 특별한 존재이다. 그냥 음료가 아니라, 오래전부터 이어져 내려온 삶의 방식이다. 계층을 막론하고 온 국민이 오전에 한 잔 오후에 한 잔은 기본이고, 언제든지 생각날 때마다 마신다고 봐야 한다. 일 년 내내 비가 '오락가락' 하는 영국 날씨는 홍차 마시기에 적합하다. 비가 '주룩주룩' 내려 춥고 우울한 겨울에는 물론이고, 서늘하다 못해 쌀쌀하기까지 한 여름에도 따끈한 차 한 잔이 굴뚝같다.

홍차 마시기는 영국인의 비사교적이고 내성적인 성향을 숨기는 행위이다. 그들은 괜스레 인사를 했다가 더 이상 할 말이 없어지는 것이 불편해서 낯선 사람과는 말을 하지 않는다. '차 한 잔 하실래요?(Would you like to drink a cup of tea?)'는 쌀쌀맞아 보이고 과묵한 영국인이 자주 하는 말이다. 그들은 차 한 잔으로 대화를 시작하고, 차 한 잔을 마시면서야 서로를 알게 된다.

'가서 주전자를 올려 놓을게요.(I'll put the kettle on.)'라는 말은 분위기를 바꿀 때 유용하다. 인사하는데 낯설고 어색할 때는 이렇게 말하고 불편한 정적을 비켜 간다. 할 말이 막혀 난감할 때도 차를 끓여 난처한 상황을 모면한다.

서로 의견이 맞지 않을 때나 돈 얘기를 해야 하는 곤란한 순간에도 "그럼, 차라도 한 잔."이라고 말하며 불편한 순간을 뒤로 미룬다. 큰일이 났거나 충격을 받았을 때도 찻물을 올린다. 마음의 상처와 아픔을 차에 기대고, 신체의 통증과 괴로움을 차로 달랜다.

영국인은 '차 마시는 시간'을 따로 두고 산다. 하루 중 제일 기분 좋은 시간은 일하는 시간만큼이나 중요하기 때문이다. 바쁜 일상을 느긋하게 만들어 주위를 돌아보고, 고단한 삶에서 벗어나 잠시 숨을 고르며 여유를 챙긴다. 처음 영국으로 이사를 왔을 때, 우리 집에 이삿짐을 나르던 아저씨들이 하던 일을 멈추고 차를 청해서 당황했다. 남편 직장에 오전과 오후에 '티타임(tea time)'이 있고, 차를 우려 주는 '티레이디(tea lady)'까지 있어서 놀랐다. 이제 직장에서 티타임과 티레이디는 사라졌다.

홍차와 가장 잘 어울리는 '티푸드(tea food)'는 '스콘(scone)'이다. 밀가루에 버터를 듬뿍 넣고 구운 스콘에 크림과 잼을 발라 함께 먹으면 '크림티'이고, 오후 네 시쯤 샌드위치와 케이크를 곁들여 먹으면 '애프터눈티'이다. 고소하고 달콤한 스콘을 한입 베어 물면 '아~.' 하고 탄성이 나온다. 영국에는 티룸이 많고, 영국인의 행복에는 차가 필요하다.

크림티　　　　　　　　　　　애프터눈티

영국인은 쉬기 위해서 차를 끓이고, 행복의 순간을 위해서 차를 마신다. '차를 마시지 않는 나라에 산다면 삶이 너무 삭막하지 않겠느냐?(Wouldn't it be dreadful if you live in a country where they didn't drink tea?)'라고도 한다. 차는 몸과 마음을 이완시키고 일상을 풍요롭게 만든다. 차는 우아한 삶을 위한 실용적 도구이다.

우리에게도 쉬어 갈 수 있는 자극적이지 않은 뭔가가 필요하다. 무뎌진 감각을 깨워 줄 향긋한 뭔가가 필요하다. 친구와 마시고, 동료와 선후배와도 마시고, 남편과도 차 한 잔을 마셔 보자. 늘 관계로만 대하던 시어머니와 며느리도 함께 차 한 잔을 마셔 보자. 눈코 뜰 새 없이 바쁜 하루에는 여유가 생기고, 마음은 더 따뜻해지지 않을까? 나눌 이야기가 많을수록 삶은 더 깊어지지 않을까?

좋은 사람인 척하며 사느라 힘들다

영국 친구와 쇼핑을 하러 갔다. 한 여인이 친구에게 다가와 "머리에 스티커가 붙어 있네요."라며 스티커를 떼어 줬다. 살짝 당황한 친구가 '5파운드 99펜스'라고 적힌 가격표를 보며 "제가 이보다는 더 값어치가 있으면 좋겠네요."라고 웃어넘겼다. 이어서 둘이 "그럼요. 그보다는 훨씬 더 값어치가 있죠."와 "남편이 그걸 알면 다행이라니까요."를 주고받았다. 곁에 있던 나도 합세해서 함께 '하하하' 크게 웃었다.

만나자마자 친구들이 좁은 차 안에서 큰소리로 수다를 떨었다. 아니, 영국인이 이렇게 말이 많다고? 미술관에서는 모르는 여인에게 다가가서 "가방이 예쁘다."라며 "어디서 샀느냐?"고 물었다. 아니, 영국인이 낯선 사람에게 말을 걸다니! 대화는 이어서 "미술에 관심이 있으니 좋은 강좌를 소개해 주겠다."로 발전하더니, 급기야는 단추를 열어 셔츠를 펼치더니 얼마 전에 받은 심장 수술의 자국까지 보여 주었다. 세상에나!

초면인 여인들이 동지라도 된 듯 '깔깔깔' 웃고 낯가림이 없었다. 친구들끼리 다른 사람의 흉을 보기도 했고, 모르는 사람인데도 보통 때는 하지 못하는 훨씬 개인적이고 친밀한 대화를 나누기도 했다. "영국인은 일상의 대화에서 흥분하지도, 활기차지도 않는다고 믿어버리는 사람은 영국 여성들의 가십을 들어 보지 못했음이 분명하다."(케이트 폭스, 『영국인 발견』)라고 했다. 영국인이 내성적이고 소극적이라는 말은 남자들에게나 해당한다고도 했다. 좀처럼 보기 드문 현장을 나는 곁에서 생생하게 보았다.

영국에는 세밀하고 복잡한 문화적 규칙이 많다. 철저한 줄서기 규칙, '부탁합니다.'와 '감사합니다.'를 말해야 하는 규칙, 절제하며 조용하게 천천히 먹어야 하는 식사 예절에 대해서는 이미 말한 바 있다. 그들에게는 유머는 우습기는 우스우나 언제나 겸손함이 묻어날 정도로만 우스워야 하는 규칙과 칭찬은 너무 확실하지 않도록 모호하게 돌려 말하는 것이 좋다는 규칙까지도 정해져 있다.

돈 얘기는 절대 금지이므로, 모든 금전 관계는 편지나 이메일로 해야 한다. 자기감정을 그대로 드러내면 안되므로, 장례식에서 눈물은 흘려도 되지만 큰 소리로 우는 것은 안된다. 설령 누군가 규칙을 어겼어도 장본인에게 직접 말하지는 않는다. 그저 눈썹을 치켜올리거나 헛기침 소리만 낼 뿐이다. 불평이 있어도 그 자리에서는 말하지 않는다. 나중에 조용히 자기네끼리 투덜거릴 뿐이다. 영국은 이런 세세한 것까지 정해져 있는 나라이고, 영국인은 이런 것들을 다 지키면서 사는 사람들이다.

'매일같이 좋은 사람인 척하며 사느라 힘이 든다.(Pretending I am a nice person day after day is exhausting.)' 늘 규칙을 따르며 사느라 지치고 피곤하다. 여인들끼리는 일상 세계에서는 허용되지 않는 것을 허용하는 듯했다. 가까운 친구들끼리는 차마 하지 못했던 말을 입 밖으로 꺼내고, 참을성으로 눌러놓은 것을 슬며시 풀어놓는 듯했다. 생판 모르는 사람과도 한바탕 수다를 떨며 해방감을 느끼는 것도 같았다.

우리도 그런 게 있고 우리도 그렇지 않나? 언제나 나이를 따지고 나이를 묻는 세상이 좁고 갑갑하다. 저마다 해야 할 도리가 어깨를 누르고 있어서 무겁고 버겁다. '여자답게' 행동하느라 늘 조심스럽고, '나이에 맞게' 행동하느라 힘들어 죽겠고, 어른도 못 되었으면서 '어른답게' 사느라 기진맥진이다. 그렇게 사는 인생이 지루하고 따분하고, '이 나이에?'라며 주저앉는 내가 답답하고 못마땅해서, '문득문득' 그런 나에게 대들고 싶어진다.

모임을 빙자해 미용실에 갔다. '예쁜' 머리 말고 '재미있는' 머리를 부탁했다. "나, 오늘은 이런 여자야."라는 선언과 함께, '뽀골뽀골 지지고 볶은' 모습을 사진으로 찍어서 제일 먼저 딸에게 전송했다. 딸이 곧바로 응답했다. "재밌다.", "멋지다."라며 응원을 보내왔다.

친구들은 "파마를 했느냐?", "가발이냐?"고 물으며 "살아가는 재미를 느낀다."라고도 했다. "아무나 할 수 없는 것을 했다."라며 부러워하기도 했고, 내 머리를 '워너비 머리'와 '영원히 잊지 못할 미리'라고도 했다. 우연히 만난 이웃은 "정말 하고 싶은 것은 다 하시는군요."라고 말했고, 일하느라 바쁜 친구는 "우리 사회에는 당신 같은 사람이 필요하다."라는 이상야릇한 말도 했다. 훗훗훗.

잠시 딴사람이 되어 갑갑한 세상을 빠져나왔다. 내 안에 잠자던 모험심과 용기를 호기롭게 꺼내어 너그럽게 허용했다. 예쁘게 보이지 않아도 되는 '자유'를 만끽했고, 내 모습을 보고 함께 웃는 '여유'를 누렸다. 팽팽한 풍선에서 바람이 빠져나간 듯, 하루가 '말랑말랑' 해졌다.

지킬 것은 지키는 사람들

영국인은 정해 놓은 것을 정해 놓은 대로 하는 걸 좋아하는 것 같다. 법규를 준수하는 건 물론이고, 생활 속의 소소한 규칙까지도 잘 따르는 걸 보면 말이다. 지키는 것으로 정했으므로 지켜야 하는 게 마땅하다고 생각하는 거다. 내게는 언제 어디서든 규칙을 지키는 그들의 모습이 강한 인상으로 남아 있다.

코로나 19 시절의 '록다운(lockdown)' 기간에는 하루에 한 시간만 외출이 허용되는 규정이 생겼다. 그 짧은 시간에도 스텔라는 종종 친구의 장을 대신 봐 주었는데, 별것도 아닌 마트에 가는 일에 얼마나 들떴는지, '구석구석' 진열대를 돌아다니며 얼마나 즐거웠는지 말해 줬다. 영국인은 누군가 도움이 필요한 상황에 처하면 순식간에 친절해진다고 하더니만, 그 말이 맞다.

누군가를 만날 때는 일정 인원이 일정 거리를 두어야 하는 규정도 있었다. 공원에서 딸과 어린 손자를 만난 날, 스텔라는 허리가 아픈 딸이 아이를 안고서 무거운 가방을 들고 가는데도 멀리서 바라만 보았다면서 안타까움을 토로했다. 영국인은 위기가 닥쳐 공동체적 행동이 필요할 때는 잘 참고 견딘다고 하더니만, 그 말도 맞다.

　반면, 하워드는 통행증이 있어서 외출이 가능했다. 장애인이 스스로 생활할 수 있도록 힘이 되어 주는 서포터로 일하기 때문이다. 그들의 쇼핑을 도와주고, 세탁기 사용법을 가르쳐 주고, 왜 햄버거와 감자튀김을 매일 먹으면 안 되는지 설명해 주는 일을 한다. 때때로 퍼브나 공연장에 데려가기도 한다. 그는 아무도 없는 '텅~' 빈 적막한 고속도로를 홀로 운전하던 시간이 몹시 기묘하다고 했다. 장애인의 생활을 돌보고 살피려는 영국인의 규칙이 참으로 너그럽고 섬세하다.

　수년 전, 남편이 영국의 깜깜한 시골길을 달리면서 속도를 위반했나 보다. 벌칙금을 납부하라는 통지서가 한국으로까지 날아왔는데, 지키지 않으면 다시 입국할 때 문제가 될 수 있다고 해서 영국에까지 납부했다. 장성한 딸이 마트에서 와인을 살 때도, 퍼브에서 맥주를 주문할 때도, 그들은 반드시 딸의 신분증을 확인했다. 그건 부모가 곁에 있어도 마찬가지였다. 쇼핑센터에는 전기자동차 전용 공간이 따로 있었고, 위반했을 때의 벌과금은 몹시 무거웠다. 집행하는 일과 지키는 일이 다르지 않은 거였다.

　영국에서 남편이 일하던 시절, 근무시간은 오전 8시 15분부터 오후 4시 15분까지였다. 오후 4시 30분이 되면 경비원이 와서 "일찍 퇴근하라.", "그래야 내가 퇴근할 수 있다."라고 재촉했다. 딸의 친구는 지금 독일에 유학 중인데, 교수와 친구들은 "늦게까지 남아서 공부하는 학생은 한국인 학생 두 명뿐이다."라면서, "제발 여기 문화를 흐리지 말아 달라."고 부탁했다.

지키는 일은 나 혼자만의 일이 아니었다.

걷다가 어깨가 부딪히면 '미안합니다.'라고 말하는 규칙, 앞사람은 뒷사람을 위해서 문을 잡아 주고 뒷사람은 '감사합니다.'라고 말하는 규칙, 좁은 길을 걷다가 마주치면 길을 비켜 주는 사람에게 '감사합니다.'라고 말하는 규칙, 자전거를 타고 지나갈 때 '흐흠~' 하며 헛기침 소리를 내어 앞에 가는 사람에게 미리 양해를 구하는 규칙 등등. 모두 이런 강제성 없는 세세한 규칙들까지도 잘 지켰다. 나는 그런 사람들을 볼 때마다 감탄스러웠다.

설령 누군가가 규칙을 어겼다 해도 규칙을 어긴 사람에게 직접 말하지 않는 것까지도 규칙에 포함된다. 흘겨보거나 쏘아보는 차가운 눈빛으로, 황당하다는 표정으로, 고개를 돌려 외면하는 것으로 반응할 뿐이다. 영국인에게는 소리 없는 신호만으로도 확실한 모욕이 되는 것 같다. 그들끼리 말없이 주고받는 맞장구만으로도 충분히 당황스러운 일인 것 같다.

우리는 어떨까? 지켜야 할 것을 지키는 일은 고리타분하다는 고정관념이 있는 건 아닌지 모르겠다. '꼬박꼬박' 지키는 일이 답답하고 융통성 없다는 그릇된 환상이 있지는 않은지 모르겠다. 혹시라도 손해를 볼지 모른다는 피해의식이 있을지도 모른다. '겨우 그만한 일을 가지고, 뭘~', '보는 사람도 없는데?', '나 하나쯤이야~'라고 생각되기도 하는데, 그건 우리의 규칙을 지키려는 마음이 너무 무뎌지고 둔해져서가 아닐까?

"인생이란 건 '질 걸 뻔히 아는 게임'을 하는 것과 같아요. ^(중략) 어찌 되었거나 뻔히 질 걸 안다면 규칙을 지켜 제대로 지는 것도 후회가 되진 않을

1부 복잡하고 미묘한 영국의 문화 규칙

듯합니다."라고 했다. 빠르든 늦든 우리는 언젠가는 쓰러져 죽는다면서 무라카미 하루키가 어느 인터뷰에서 한 말이다. 그의 말이 내 마음을 사로잡는다. 나는 이왕이면 지킬 것은 지키면서 살고 싶다. 우리 사회가 지킬 것은 지키는 사람을 존중하면 좋겠다.

복잡하고
미묘한 암호들

영국에는 너무 은근해서 알아채기 어려운 것들이 있다. 애매하고 모호해서 잘 설명할 수도 없고, 명확하지 않아서 정확히 무엇인지 정의하기도 어렵다. 복잡하고 미묘해서 구별하기도 어렵고, 주의 깊게 살피지 않으면 전혀 보이지도 않는다. 영국인의 생활 속에는 곳곳에 흥미로운 요소들이 숨겨져 있다.

처음에는 무심코 지나쳤다. 전혀 노골적이지 않아서 눈에 띄지도 않았다. 모호하고 절제된 얼굴, 숨겨져 있다가 살짝 드러내는 행위, 분명하지 않은 태도가 영국인의 독특한 모습을 보여 준다. 작고 미세한 단서들이 섬세하고 민감한 그들의 속마음을 설명한다. 모르면 결코 그들을 이해하지 못한다.

영국인의 행동을 '하나하나' 들여다봤다. 앞마당은 예쁘게 가꿔서 남들에게 보여 주는 공간이었고, 뒷마당은 주인만의 개인적인 공간이었다. 앞마당에는 꽃을 가꿀 때만 나가는데, 말이 적고 비사교적인 영국인과의 '사교'는 그때만 가능했다. 그때는 말을 건넬 수 있고, 대개 날씨와 정원에 대한 대화를 나누는데, 이런 것까지 정해져 있는 게 신기했다.

영국의 옷가게에는 '예쁘고 멋진' 옷이 없었다. 튀지 않고 적당히 어우러지는 옷을 입기 때문이었다. 스텔라가 친구들과 함께 우쿨렐레를 연습하는 날은 마침 누군가의 생일이었다. 모두 퇴근 후에 갈아입고 왔다는데도 전혀 티가 나지 않았다. 보이지 않는 배려가 정말 보이지 않았다.

아름다운 전원을 바라보면 절로 감탄하게 된다. 스텔라가 먼저 "뷰티플!"이라고 말하면, 나도 따라서 "뷰티플!" 하게 된다. 그가 "뷰티플!"이라고 말했는데 내가 만약 "나이스!"라고 말한다면 그 의미가 달라진다고 했다. '경치가 좋기는 하지만, 아름답지는 않다.'라는 뜻이 내포되어 있다는 거였다. 그게 그저 같은 미묘한 차이였다.

길에서 보이는 앞마당

영화 속에서 한 여인이 몹시 아팠다. 괜찮은지 묻는 이에게 "우유 좀 갖다 줄래요?"라고 부탁했다. 얼굴을 파묻고 홀로 조용히 울기 위한 절제되고 정제된 표현인 거였다. 영국인은 어릴 적부터 받은 교육대로 감정 표현을 잘 하지 않는다. 의견이나 감정을 직설적으로 말하지 않고, 슬쩍 표정에 담아 내보이며, 아주 미묘한 말투로 넌지시 전할 뿐이다.

또 다른 영화에서는 어린 딸을 잃어버린 남자가 나오는데, 딸을 닮은 아이를 보고 아이가 다니는 초등학교를 찾아갔다. 교장 선생님을 만나 딸이 아니라는 것을 확인했는데, 그때 그 남자의 심정이 어떠했겠는가! 감정 표현을 하지 않는, 아니, 감정 표현을 할 수 없는 그를 위해 교장 선생님은 자신의 방을 비워 주며 "천천히 있다가 나오셔요.(Take your time.)"라고 말했다. 그제야 그는 두 손에 얼굴을 파묻고 소리 없이 눈물을 흘릴 수 있었다. 영화 속의 주인공으로 영국을 들여다봤다.

자선 상점에서 옷을 사는 사람들은 대개 계급이 아주 높거나 아주 낮은 나이든 여자들이다. 친구가 입고 온 재킷을 가리키며 "옥스팜에서 4파운드밖에 안 줬어!"라고 말했는데, 그런 얘기는 계급에 신경 쓰지 않는 높은 계급의 여자들만 한단다. 하류층이나 가난한 사람들이 거기서 물건을 사는 것은 필요하기 때문이지, 칭찬을 받거나 자부심을 갖기 위해서가 아니기 때문이다. 은근하게 계급이 드러났다.

영국인은 퍼브에 가면 주인이나 직원에게 술 한 잔을 사 주기도 하는데, 돈과 관련된 말은 잘 하지 않으므로 '산다.'라는 단어는 쓰지 않는다. 미국인이 바에서 "제가 한 잔 사드려도 될까요?(Let me buy you a drink.)" 혹은 "제가 한 잔 사드릴게요.(I'll buy you a drink.)"라고 말하는 것과 비교된다. 영국인의 말속에는 '공손한 평등주의'와 '타인에 대한 존중과 배려'가 들어 있다.

퍼브의 카운터

어딘가에서 "시를 어떻게 읽느냐?"라는 질문에 "읽을 바에야 좀 더 세심하게 읽어보면 어떤가?"라는 조언을 읽은 적이 있다. 영국에 살면서 수많은 차이와 마주쳤다. 다른 세상을 이해하기 위해서는 섬세한 마음 읽기가 필요했다. 영국인의 말, 표정, 행동, 태도에는 보이는 것보다 더 많은 것이 담겨 있는 것 같았다. 보이는 것이 전부가 아니었다.

영국인은 마치 오래된 숲의 자욱한 안갯속을 뛰지 않고 걷는 사람들 같았다. 때로는 수면 아래 두 다리가 보이지 않는 우아한 백조 같기도 했고, 긴 드레스를 입은 성숙하고 세련된 할머니 같기도 했다. 그들은 부드럽고 온화한 방식을 고수하고, 다른 사람과 어떻게 섞이는가에 대해 고민하며, 그들만의 이상하고 놀라운 암호를 만들어 놓은 것 같았다. 나는 영국을 잘 모른다. 이미 말한 대로, 너무 복잡하고 미묘해서 판독하기가 어렵다.

영국인다운 멋진 말

"영국 문화는 언어 중심 문화이지, 시각 중심 문화는 아니다. 우리는 문학 덕에 세계적으로 인정받지만, 미술이나 음악은 영 아니다."(케이트 폭스, 『영국인 발견』)라고 했다. 나는 영국인 작가 셰익스피어와 제인 오스틴을 떠올리며 고개를 끄덕였다. 그러고 보니, 패션 감각이 뛰어난 옷 잘 입는 영국인은 본 적이 없다. 영화 속에서 영국인의 절제된 대사가 엄청 멋졌던 것도, 마차 타던 시절에 여주인공의 편지 쓰는 장면이 그렇게나 많았던 것도 이제야 수긍이 갔다.

서양인이라고 다들 감정 표현을 잘하는 건 아니었다. 영국인은 다른 서양인처럼 잘 껴안지도 않고, 몸짓이나 손짓도 다양하지 않고, 얼굴의 표정도 잘 변하지 않는다. 의사 전달은 말에 의존한다는데 말수도 적다. 그래서 다가가기 어렵고 차갑고 쌀쌀맞게 느껴진다. 처음에는 그렇게 생각했는데, 지금은 꼭 그렇게만 생각하지는 않는다.

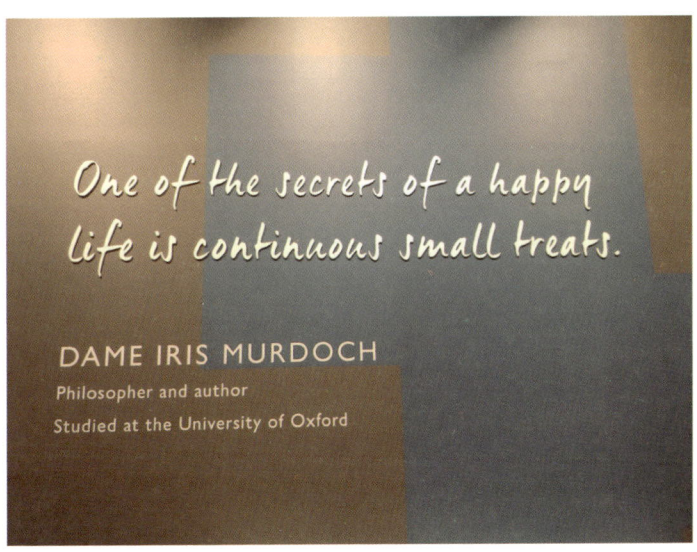

영국인의 멋진 말

내가 들은 영국인의 멋진 말들이 생각난다. 공항에 가면서 택시를 탄 적 있다. 도로가 막혀 걱정했는데 택시 기사도 그랬나 보다. "죄송하지만, 지금부터 약간 무례를 범하겠습니다."라고 말했다. 내가 의아해서 눈알을 굴리는 사이, 그가 슬며시 앞차 앞으로 끼어들었다. 아니, 끼어드는 데도 양해를 구하다니! 몹시 신사다운 느낌이 들면서, 작은 일인데도 입이 크게 벌어졌다.

화창한 일요일에 공원을 산책했다. 건너편에서 걷던 할머니가 미소 띤 얼굴로 나에게 "적은 햇볕이니 즐겨라!(Enjoy the small amount of sunshine!)"라고 말을 건넸다. 비가 잦고 햇볕이 귀한 영국에서, 낯선 이와는 말을 잘 섞지 않는 영국인이, 처음 본 외국인에게 다가와 알려 줬다. '작은 것에 만족하고 누리라.'는 그의 뜻이 몹시 깊고 좋아서 나는 마음속 깊이 넣어 두었다. 때로는 언어가 삶을 안내하기도 했다. 나는 오늘도 좋은 하루를 보내기 위해서 어떻게 해야 하는지 알고 있다.

영국인의 멋진 말

영국인은 과장하지 않고 오히려 줄여서 말했다. 자신의 불행이나 고통까지도 아무것도 아닌 것처럼 낮춰서 이야기했다. 영화 속 주인공이 희귀병으로 급작스레 온몸이 마비되고 말까지 제대로 하지 못하게 됐다. 놀라서 달려온 아내에게 그가 어렵사리 뱉은 말은 "조금 성가신 일이야.(a bit of bother.)"였다. 똑같은 말의 한글 자막이 "빌어먹을."이라서 흥미로웠다.

대수롭지 않게 말한다고 대수롭지 않은 게 아니었다. 그들은 마음속에서 벌어지고 있는 일을 다 말하지 않았다. 말하지 않아도 속뜻이 들어 있었고, 말하지 않아도 속뜻을 알아챘다. 힘든 시간을 풀어내는 그들 나름대로의 방식이 감탄스럽기도 했다.

스텔라가 원치 않는 전화를 받았다. 상대가 꽤 오랫동안 뭔가를 권하는데도 그는 내내 정중했다. 처음에는 "아주 솔직하게 말해서."라고 말하며 사양했고, 중간에는 "다시 생각해 봐도 아니다."라고 말했고, 마지막에는

"나중에도 내 마음은 달라지지 않을 거다."라면서 거절했다. 통화가 끝날 때까지 상대에 대한 배려와 존중에 흐트러짐이 없었다. 거절까지도 '우아하고 상냥하게' 그리고 '솔직하게' 할 수 있는 거였다.

언어는 삶과 직결되어 있고, 언어가 말하는 사람의 면모임을 깨닫게 된다. 말은 생각보다 중요할지도 모른다. 나를 진심으로 기쁘게 한 것이 나에게 준 선물이 아니라, 나를 아끼는 말이나 나를 인정하는 말일 수도 있다. 나에게 깊이 상처로 남는 것이 그가 내게 한 행동이 아니라, 그가 한 말일 수도 있다. 긴 여운을 남기는 것이 말일 수도 있다.

얼마 전, 텔레비전에서 아카데미 시상식을 봤다. 미국인 수상자가 복받치는 감동과 심심한 감사를 일일이 표현하느라 인사가 길었다. 곧 이어서, 영국인 배우 앤서니 홉킨스가 나왔다. 아니나 다를까? "앞에서 이미 다 말했으니, 더 말할 게 있겠느냐?"라는 그의 첫마디가 몹시 '영국인다워서' 나는 혼자 웃었다.

2부

소박하고 우아한 영국인의 일상

고스란히 간직해온
아름다움

모든 것이 그대로 있었고, 그대로인 만큼 아름다웠다. 영국의 시골에는 여전히 높은 건물이 하나도 없었고, 도로는 좁고 '구불구불' 했다. 시내에서 조금만 벗어나도 만나는 들판에는 아무것도 없었고, 덕분에 하늘이 사방으로 '뻥' 뚫려 있어서 크고 넓었다. 동네 공원에는 넓은 잔디밭이 잘 다듬어져 있었고, 세월이 느껴지는 아름드리나무의 둥치는 어마어마하게 컸다.

작고 오래된 집들이 옆집과 벽을 공유하며 나란히 붙어 있었다. 죄다 2, 3층 높이로 나지막했고 생김새도 비슷했다. 돌, 나무, 벽돌로 지어졌고, 옆집과의 경계는 크고 빽빽하게 자라는 나무들로 나누어졌고, 정원은 온갖 꽃들과 나무로 채워졌다. 바라보면 눈이 즐거웠고, 마치 사람이 살지 않는 듯 조용해서 평화롭기 그지없었다. 오랜만에 본 영국이 내 머릿속에 담아 눈 모습과 똑같이다.

영국인은 정원이 딸린 낡은 집에서 낡은 가구와 함께 산다. 대부분 수동 기어 자동차를 몰므로, 자동 기어 자동차는 보기 어렵다. 아직도 집의 현관문은 열쇠로 열어서 들어가고, 화장실의 선등은 천장에서 내려온 긴 줄을 당겨서 켜고 끈다. 바꾸면 편리할 텐데도 기꺼이 불편을 감수하며 산다.

 그들은 예전과 다름없이 홀로 가까운 숲에 가서 걷고, 아이들과 개를 데리고 산책하며, 혼자서 끝도 없는 길을 자전거를 타고 간다. 이따금 퍼브에서 맥주를 마시고, 생각날 때마다 티숍에서 차를 즐긴다. 그들의 행복은 별반 어렵지 않은 듯하다. 전에는 몰랐던 행복을 새롭게 알게 된다.

 마을 가까이에 있는 퍼브는 초가지붕을 얹은 전통 가옥으로 1352년생이었다. 천장은 낮아서 어두컴컴했고, 바닥은 '울퉁불퉁'하고 이곳저곳 높이가 달랐다. 머리 부딪히지 않게 조심하라고, 넘어지지 않게 조심하라고 실내 곳곳에 쓰여 있었다. 테이블은 투박하고 흠집이 많았으며, 의자는 짝을 맞추지 않아서 제각각이었다. 모든 게 낡았는데도 초라하지 않았고 볼품없지 않았다.

1352년생 퍼브

오래된 것에도 마음을 끄는 게 없지 않았다. 오래되니까 자연이 더 아름다운 거였다. 낡으니까 집이 더 아늑했고, 역사가 깊은 퍼브라서 더 고풍스러웠고 더 운치가 있었다. 오래된 것들이 함께 어우러지니까 더욱더 아름다웠다. 여전히 그대로 남아 있는 아름다움, 고스란히 간직한 오래된 아름다움, 나는 이 아름다움을 뭐라고 표현해야 할지 모르겠다.

전 세계에서 사람들이 영국으로 몰려왔다. 멀리 시골에까지 찾아왔다. 옛날 찻집에서 차를 마시려고, 아직도 굽고 있는 옛날 빵을 맛보려고 줄을 섰다. 어디서도 볼 수 없는 영국만의 아름다움을 눈과 마음에 담으려고 기꺼이 시간을 냈다. 한국에서 온 젊은 관광객이 "아, 나도 이담에 이런 곳에 살 거야."라고 말했는데, 내 마음도 똑같았다.

"결과적으로 삼십여 년에 걸쳐 쓴 글이지만, 어조와 문체에 크게 변함이 없고, 이제나저제나 같은 방식으로 생각하고 있다는 것이 내가 보기에도 신기하다."(황현산, 『밤이 선생이다』)라고 했다. 작가는 자신의 글에 대해 그리 말한 거였지만, 나는 삼십여 년에 걸쳐 지켜본 영국이 그런 것 같았다. 영국에는 발전이 별로 없는 것 같지만, 뭔가 중요한 것은 줄곧 포기하지 않는 듯했다.

긴 역사를 가진 빵집

영국은 새로 지은 집보다 오래된 집이 더 비싼 나라이다. 영국인은 런던보다 시골을 더 좋아하고 시골에서 살기를 원하는 사람들이다. 변화를 원하지 않으니까 변화하지 않는 거다. 이렇게나 넓고 평평한 땅이 많은데도 고층 빌딩과 아파트를 짓지 않는 걸 보면 그런 생각이 든다. 필요한데도 도로를 넓히지 않는 걸 봐도, 불편한데도 공원에 편의 시설과 화장실을 두지 않는 걸 봐도, 그런 생각이 든다. 누군가 공원과 도로의 잔디를 깎았을 거다. 누군가 무너진 돌담을 쌓았을 거다. 보이지는 않아도 모두가 그런 노력을 했을 거다. 틀림없다.

영국의 올드카

온 세상이 빠른 속도로 변하고 있는데도 영국만은 달라지지 않으려는 듯했다. 백화점에 최신식 물건과 최고급 물건이 가득한데도 영국인은 열광하지 않는 듯했다. 100년, 200년 된 집을 수리하며 살고, 더 이상 생산하지 않는 올드카를 '반짝반짝'하게 닦아서 시골길을 달렸다. 강에서 배를 탔고, 아무도 없는 들판에 멈춰서 새를 관찰했다. 자주 가족과 밥을 먹었고, 아주 자주 친구들과 바비큐를 했다. 그들은 자신들이 원하는 삶을 잘 알고 있는 듯했다.

변해야 할 것과 변하지 말아야 할 것에 대해 잠시 생각해본다. 우리의 삶이 어떤지는 말하지 않겠다. 나는 흘러가 버린 것이 아쉽고, 돌이킬 수 없는 것이 안타깝다. 사라져버린 것이 그립다. 나는 영국에서의 삶이 몹시나 불편하다는 걸 잘 알고 있지만, 동시에 부럽다는 생각을 접어 두기 어렵다. 우리가 어떻게 살고 싶은지 진정으로 따져봐야 하지 않을까? 변화하지 않는 영국에 답이 있다는 게 아니라, 혹시 영국에 그 답이 있지는 않을까?

2부 소박하고 우아한 영국인의 일상

꽃이 지천으로
피어 있는 나라

꽃이 없는 영국은 영국이 아니다. 눈길 가는 곳마다 꽃이 있고, 많아도 아주 많다. 그런데도 영국인들은 꽃 구경을 하기 위해 궁(palace), 성(castle), 저택(manor)으로 간다. 새가 날아들고 벌이 '붕붕' 소리를 내는 정원으로 차를 마시러 간다. 나가면 꽃이 지천으로 피어 있는데도 집에서도 꽃을 가꾸면서 산다.

거실과 식탁에 꽃을 꽂아 손님을 맞고, 손님은 꽃을 들고 방문한다. 영국 사람들은 소극적이고 공손하며 자기표현이 서툴므로 꽃으로 대신 표현하는지도 모르겠다. 생필품이라 꽃은 마트에서도 파는데, '금방 시들어서 이내 버릴 것을 돈을 주고 사느냐?'고 할지도 모르겠지만, 이 나라 사람들은 그런 짓을 하며 산다.

어두컴컴하고 낡은 거리가 아름다운 것은 꽃바구니(hanging basket) 덕분이다. 큰 공 모양의 꽃다발이 길을 따라 높다랗게 걸려 있고, 갖가지 종류와 색깔의 꽃들이 어우러진 모습이 사람들의 눈길을 사로잡는다. 수줍음이 많고 낯가림이 심한 영국 사람들이 생면부지의 사람에게도 말을 건넬 수 있는 퍼브의 입구와 창문도 어김없이 꽃으로 장식한다. 영국인은 정원이 딸린 집을 좋아하고, 정원에서 꽃을 가꾸는 걸 좋아한다. 프라이버시가 중요하다면서도 낮은 담장으로 꽃 풍경을 열어놓고 산다.

꽃으로 장식한 집

"인생을 즐겁게 살기 위한 비결 가운데 하나는 살면서 좋았던 순간, 우리를 또 다른 차원으로 데려갔던 순간들을 최대한 선명하게 떠올리는 것이다."(도미니크 로로, 『심플하게 산다』)라고 했다. 절대로 잊지 못할 순간, 두려움이 희망으로 바뀐 날, 위로가 축하로 승화된 날이 떠올랐다. "그때 생각나?"라고 말할 것이 있다면 행복이다. 같이 보낸 시간이 있는 것도, 함께 나눌 게 있는 것도 행복이라 믿는다.

우리 집 베란다에 꽃을 가꾸기로 한 것은 영국에서 꽃을 많이 봤기 때문이었다. 이웃들에게 꽃구경을 시켜 주기로 한 것은 영국 사람들이 정원을 개방해서 함께 나누는 것을 봤기 때문이었다. 좁은 베란다가 빨간색 부겐빌레아 꽃으로 덮이고 화분마다 꽃이 만발한 어느 봄날, 아파트 엘리베이터 옆에 초대장을 붙였다. '베란다에 꽃이 한창입니다. 혼자 보기 아깝네요. 우리 집에 꽃구경 오실래요?'라며 날짜와 시간까지 적었다. 이웃들과 함께 차와 과자와 꽃을 나눴던 날이 생각이 난다.

수술 후, 퇴원해서 집으로 돌아오던 겨울날이었다. 딸의 친구인 플로리스트에게 꽃을 부탁한 것은 미리 꽂아 놓은 꽃이 나를 맞아 주었으면 해서였다. 화려하지 않은 꽃이면 좋겠다고 했더니, 꽃잎이 '하늘하늘' 갈라져 레이스 같은 하얀 튤립과 단정하고 꼿꼿한 흰 난초가 나를 반겼다. 나약하고 무거운 생각이 내 안에 들이치던 날, 나를 다독이고 쓰다듬으며 다시 시작하라고 한 건 꽃이었다.

수술과 힘든 항암 치료를 마치고 암을 극복했다고 생각했을 즈음, 암이 의심된다고 해서 한 번 더 수술을 받았다. 아, 그때 나는 얼마나 휘청거렸던가! "암이 아니라면 파티를 하겠다."라고 선언했고, 파티를 벌일 수 있어서 감사했다. 여기저기에서 꽃병을 빌리고, 꽃이 돋보이도록 가구를 옮기고, 테이블마다 하얀 식탁보를 씌웠다.

음식은 케이크와 딸기만 준비하고, 30여 명의 여인들에게 대접한 것은 꽃이었다. 두 눈을 동그랗게 뜬 깜짝 놀란 표정과 '와!' 하는 탄성 소리를 상상하며, 거실 가득 꽃을 차렸다. 그들과 함께 울컥해서 부둥켜안은 날,

나는 여인들에게 화병에 가득한 꽃을 몽땅 선물로 건넸다. 화병은 나중에 돌려받았다.

꽃으로 대접한 파티

삶에서 나쁜 것을 하나씩 없애면 행복해진다고 들었는데, 이상하게 영국에 있으면 나쁜 게 별로 없다. 불편한 게 많은데도 그냥 받아들이게 되는 것은 꽃을 많이 보아서가 아닐까? 영국에서 머무는 집에도 작은 정원이 있다. '오락가락'하는 비 덕분에 물은 가끔 주고 매일 바라보기만 하면 되니 꽃 키우기가 참 쉬웠다. 없는 게 많은 시골이지만, 꽃만은 가득했다. 조용하고 단조로운 일상인데도 자주 "뷰티플!"을 외치느라 나는 지루하지가 않았다.

꽃을 싫어하는 사람은 없을 거다. 다들 사는 게 바빠서겠지. 아름다움을 알아보는 감각이 부족해서겠지. 우리가 배워야 할 일에는 아름다움을 느끼며 사는 것도 있다. 느끼지 못하는 삶은 무덤덤한 삶이 아닌가? 사랑하는 사람은 곁에 있어야 하듯이, 사는 맛도 곁에 있어야 한다. 친구에게도 연인에게도 꽃을 선물하자. 그들이 '마구마구' 감탄하는 모습을 보는 것 역시 행복이 아닌가?

평화가 어떻게
생겼는지 궁금하세요?

영국에 오면 마음이 편안해졌다. 수년째 똑같은 집에 오는 것이 편했고, 한가롭고 심심한데도 지루하지가 않았다. 우리 집보다 더 작고 더 불편한 집에서 "아, 좋다~."라는 소리가 절로 나왔다. 스텔라는 "영국인은 '영감(inspiration)'이란 단어를 제일 많이 사용한다."라고 말했는데, 나는 영국에 오면 '평화'와 '행복' 같은 추상적인 단어가 떠올랐다.

영국의 시골은 조용하다. 그나마 주말에는 바비큐 하는 이웃의 웅성거림과 연기 냄새라도 있는데, 일요일 아침에는 죄다 늦잠을 자는지 더 조용하다. 공원도 조용해서 좋다. 영국 사람들은 부끄러움이 많고 낯가림이 심해서 오랜 기간 함께 출퇴근하는 사람과도 말 한마디 안 할 정도이니, 이 나라가 조용할 수밖에 없는 거였다.

버스 안에서 큰 소리로 통화하는 외국인이 있어도 그들은 아무 말도 하지 않고 서로 못마땅한 눈빛만 교환할 뿐이었다. 늦은 저녁, 런던의 버스 안에서 취객이 하모니카를 불었다. 성가시고 불편한 소리를 내는데도 그에게 직접 말하는 사람은 아무도 없었다. 서로 눈빛을 교환하며 말 없는 동의만 주고받을 뿐 아무도 불평 한마디 하지 않았다. 나는 한 시간이 넘도록 이대로 어떻게 가나 하면서 속으로 걱정했는데, 그 순간 운전기사가 승객을 대신해 마이크로 정중하게 부탁을 하는 거였다. 조용한 부탁에 술에 취한 남자는 이내 조용해졌다. 참, 희한한 나라다.

시내에 나갔다가 예쁜 정원에 끌려서 안으로 들어갔다. 입구의 푯말에는 '조용한 방(Quiet Room)'이라고 쓰여 있었다. 예전에는 학교였던 곳이 돌아가신 운영자의 뜻에 따라서 지금은 '정신적인 활동이라면 누구나 이용할 수 있는 장소'가 되었단다. 요가 수업이나 명상 수업을 하거나 목사님이나 수도사에게 빌려주기도 하는데, 종교와 상관없이 일반인에게도 열려 있었다. 일상 속 온갖 스트레스를 내려놓을 수 있는 공간이기를 희망해서라고 했다. 마치 선한 사람을 만나기라도 한 듯, 내 마음이 평화로워졌.

아름답게 가꾼 정원을 활짝 열어둔 채, 운영의 어려움으로 조용한 방 몇 개는 남겨 두고, 결국 '민박집(Bed & Breakfast)'으로 전환했단다. 꽃을 담아 놓은 꽃병은 가져갈 수 있었고, 거실에서는 차를 끓여 마실 수 있었는데, 얼마 되지 않는 꽃값과 찻값은 운영비에 보태졌다. 나는 아무도 없는 거실에서 차 한 잔을 끓여 마신 후, 안내문에 쓰인 대로 찻잔은 씻어 놓고 티백은 싱크 아래 쓰레기통에 넣었다. 보라색 스위트피 꽃이 담긴 꽃병을 들고나오면서, 누군가의 너그러운 마음과 욕심 없는 희망에 작은 감동이 일었다.

모두에게 개방된 정원

정원에서 기른 식물과 채소

"이제 성공한 삶은 바쁘고 화려한 삶이 아니라 평화롭고 조용한 삶이다."(어맨다 탤벗, 『About Happiness』)라고 했다. 최근에 성공과 풍요로운 삶에 대한 개념이 달라졌다고 했다. 이전 개념에서 조금 달라진 게 아니라, 180도로 바뀌었다고 했다. 이제는 사람들이 평화롭고 조용한 삶을 원한다는 거였다.

영국은 조용한 사람들이 조용하게 사는 나라이다. 이웃도 하나 없고 가게도 하나 없는 드넓은 들판 위에 홀로 떨어진 집을 종종 보았다. 일주일에 한 번씩 만난 제시 할머니는 나에게 "영국인에게 침묵은 중요하다.(Silence is important for English people.)"라고 알려줬다. 조용한 곳에 사는데도 돌아가신 남편은 퇴근 후에 집에 돌아오면 책을 들고 더 조용한 곳으로 갔다고 했다.

영국 집에서 바라보는 하늘이 넓고 낮다. 구름은 손에 잡힐 듯 가깝다. 정원에는 새와 나비가 날아다니고, 벌이 날갯짓을 하며 집 안으로 들어온다. 이름 모를 벌레와 거미도 제집처럼 마음대로 들락거린다. 영국에 오면 나는 조용한 곳에서 바쁘지 않게 지낸다. 가만히 있으니 평화롭다.

아름다운 호숫가를 걸었다. 조용해서 더 아름다웠다. 조용하기 때문에 몸과 감정이 건강해지면서 제정신이 드는 것 같았다. 너무나 한적해서 혼자라면 살짝 겁이 날 것 같은 길이 '아무것도 하지 않는 시간'과 '생각하고 느낄 시간'으로 나를 안내해 주었다. 친구들은 나에게 "영국에 가면 뭐 하는데?"라고 묻곤 했는데, 이런 이야기를 해 주면 걔네들은 "우리도 이렇게 여유를 기지고 살면 얼마니 좋을까?"리면서 부리워했다. 니는 "그렇게 살기를 원한다면, 그렇게 살아야 한다.(I am the one to make it happen.)"라고도 말해주고 싶었다.

삶을 천천히 즐기는 방법

 영국은 조용한 나라이다. 온갖 소음으로 번잡한 런던에서도 모퉁이만 돌면 새소리를 들을 수 있다. 걸어서 마을센터에 갈 수 있는 시골은 더욱 조용했다. 작은 집들이 벽을 공유하며 '닥지닥지' 붙어 있는 골목은 마치 사람이 살지 않는 듯 조용해서, 열린 창문 사이로 화장실 변기의 물 내리는 소리가 새어 나갈까 봐 신경이 쓰일 정도였다. "어쩌면 이렇게 조용하지?"라고 물으니, 남편도 "그러게. 우리는 이렇게 조용하진 않지. 무슨 소리가 나도 나지."라고 했다.

 형언할 수 없이 아름다운 전원이 시간이 멈춘 듯 고요하다. 나지막한 구릉과 낡은 돌담이 오랜 시간 동안 함께 만들어 낸 풍경은 그림 같다. 탁 트인 광활한 녹지가 가슴을 '뻥~' 뚫리게 한다. 공원에는 가게나 화장실 같은 편의 시설은 없고, 넓고 푸른 잔디밭과 우람한 나무 사이에 벤치와 쓰레기통만 '띄엄띄엄' 있을 뿐이다.

 큰소리를 내면 안 된다는 법이라도 있는지, 멀리서 사람을 부르거나 큰 목소리로 말하는 사람이 없다. 화를 내는 사람도 없고 뛰는 사람도 없다.

아이는 칭얼대거나 떼를 쓰지 않으며 울지도 않는다. 목줄을 풀어 주어 자유롭게 돌아다니는 개가 사람에게도, 개에게도 짖지 않는다. 이런 건 타고나는 건지, 보고 배우는 건지 의문이 생긴다.

공원에서 개와 함께 산책하는 사람

영국인은 걷기를 좋아한다. 웬만한 볼일은 걸어서 가고, 노인들도 장을 보러 걸어서 간다. 비가 내려도 아랑곳하지 않고 우산도 없이 걷는다. 조용한 곳을 찾아가서 유독 혼자 걷거나 개와 함께 산책한다. 고요한 산책길은 자신만의 세계로 들어가 자신에게 집중하고, 주위에서 들려오는 소리를 음미하기에 좋다. 마음의 소리를 들으며 사색하고, 분주한 일상에서 빠져나와 제자리를 찾아가기에도 좋다. 그 고즈넉함을 제대로 즐기려면 혼자여야 하는 거다.

혼자라면 살짝 겁날 것 같은 한적한 길에 '조용히 즐길 수 있는 곳(quiet place to enjoy)'을 알려 주는 작은 표지판을 보았다. '아니, 영국에서는 이런 곳도 알려 주나?' 했는데, '더 조용한 곳(quieter place)'을 가르쳐 주는 지도까지 있었다. 세상의 소음과 방해에서 벗어나 잠시 조용히 있어 보라고 안내하는 거였다. 침묵의 공간에서 내면을 충전하고 평화를 얻어 가라고 하는 거였다.

아무도 없는 들판 위에 사는 사람도 있고, 일상 속에 침묵을 넣는 사람도 있다. 휴가는 더 조용한 곳으로 떠나는 사람도 있다. 30여 년 전, "휴가를 가면 무엇을 하느냐?"라고 묻는 내게 영국 친구는 "걷는다."라고 대답했다. 우리에게 휴가란 여기저기 다니며 구경하는 것인데, 거기까지 가서 걷는다고 해서 참 의아하게 생각했더랬다.

한적한 길을 걷는 사람들

걷기는 삶을 천천히 즐기는 방법이다. 속도와 효율과는 거리가 먼, 지금까지 남아 있는 삶의 방식이다. '후닥닥' 건너뛰지도 않고, '휘리릭' 지나치지도 않으면서, 조용히 '자기 자신'이라는 친구를 만나는 시간이다. 온갖 소리가 지배하는 세상에서 현대인의 삶은 바빠졌고 복잡해졌다. 나는 가끔 '이제 세상이 그만 발전해도 되지 않나?'라는 생각이 든다.

넓은 들판을 걷고 활보하며 기쁨을 얻는다. 나무로 둘러싸인 '구불구불'한 흙길에서 아늑함을 느낀다. 주변에 있는 것들을 직접 보고 느끼며 진정한 삶의 여유를 경험한다. 걷기는 겸손하고 소박하며 미묘하다. 걷기는 영국인의 오래된 일상이고, 매우 영국인다운 일상이다.

가장 행복하다고 느끼는 시간

영국은 꾸준히 변하지 않는 나라이다. 500년 전의 거리가 지금과 똑같고, 백화점과 서점이 수백 년째 그 자리에 그대로 있고, 1950년대 검은색 택시가 아직도 런던의 거리를 달린다. 영국인은 새것보다 옛것에 더 가치를 둔다. 이삼백 년 된 집을 고쳐 가며 살고 골동품을 자랑스러워한다. 물려받은 물건을 다시 물려주고, 낡은 가구와 손때 묻은 찻잔을 여전히 사용하고, 반세기가 지난 연속극을 지금까지도 즐겨 본다. 속도가 미덕인 오늘날에도 시간을 들여 꽃을 가꾸고 손으로 쓴 카드를 주고받는다. 심지어 여름휴가도 매년 똑같은 곳으로 간다.

시골은 더욱 변함이 없다. 수십 년을 드나들던 노천 시장이 여전히 북적거렸고, 20년 만에 다시 찾은 빌리지가 변한 게 하나도 없었다. 고층 건물이 없고 꽃과 나무가 많은 시골은 마치 아름답고 정교하게 꾸며진 공원 같았다. 아니, 현실 같지 않아서 동화책에 나오는 그림 같았다. 집은 작은데 공원은 언제나 크다. 그래서 아름답고 그래서 공평하다. 넓고 푸른 들판에 흰 양 떼가 참으로 평화롭다. 모두가 오랜 세월 묵묵히 가꾸어 온 덕분이리라.

세월을 뛰어넘는 고풍스러운 풍경을 지닌 코츠월드(Cotsworld) 지방은 영국인들이 가장 살고 싶어 하는 곳이다. 수백 년 된 집에 살면서 무너진 돌담의 돌을 다시 쌓아 올린 덕분이다. 해마다 전 세계에서 관광객들이 영국으로 몰려온다. 그들은 유서 깊은 건축물을 찾아가서 감탄하고, 옛것을 보관해 놓은 박물관의 유물에 감동하며, 영국식 정원과 차 문화에 열광한다. 전부 불편함을 받아들이고 변화를 거부하며 옛것을 보존한 덕분이다.

코츠월드 지방

영국인은 예측이 가능하고 안정된 삶을 꿈꾼다. 그들은 무슨 일이든 너무 열심히 하지는 않는 것 같다. 적당히 열심히 일하면서 적당히 여유롭게 놀기를 좋아하는 듯하다. 삶의 여유를 만끽하며 느긋하게 살기를 바라는 거다. "영국인들이 팽귄북(영국의 대표적인 문고본)을 읽을 때 필요한 물건이자 가장 행복하다고 느끼는 시간에 필요한 물건이 손가방, 머그잔, 티타월, 선탠용 접이의자, 책"(권석하, 『영국인 재발견 2』)이라고 했다. 공원에 가면 그 사실을 눈으로 확인할 수 있다. 그들의 행복이 놀랄 만큼 단순하고 쉽다.

구식 자동차를 타고 시골길을 달린다. 강에서 보트를 타고, 아빠와 아이는 낚시를 하고, 오리들에게 빵을 던져 준다. 개와 함께 산책하고, 정원을 가꾸며, 하루에 두 번은 차를 마신다. 남자가 나무에 기대어 책을 읽고, 엄마가 벤치에 앉아 아기에게 젖을 물린다. 아이들이 잔디밭에 둘러앉아 '재잘재잘' 떠들고, 가족들이 담요 위에 앉아 샌드위치를 먹는다. 집으로 친구를 불러 소시지를 굽고 웃고 떠든다. 그들은 구태여 바꾸지 않아도 꼭 대단하지 않아도 행복하다. 겨우 이런 일로 행복을 느낀다.

템즈강에서 카약을 타는 사람들

2부 소박하고 우아한 영국인의 일상

"수 세기 동안 세상은 엄청나게 변했지만, 인간의 행복을 규정하는 가장 근본적인 요소는 변하지 않았다."(윌리엄 파워스, 『속도에서 깊이로』)라고 했다. 인생이란 꼭 뭔가를 이루어야만 하는 게 아니라고, 행복은 갖는 게 아니라 느끼는 거라고 상기시킨다. 멀리 있는 기쁨을 얻으려고 애쓰지 말고, 손을 뻗어 잡을 수 있는 기쁨에 눈을 돌리라고 한다. 만족할 수 있다면 그것이야말로 행복이라고 넌지시 가르쳐 준다.

크고 웅장한 나무들, 고즈넉한 골목, '띄엄띄엄' 놓여 있는 낡은 벤치가 익숙해서 좋았다. 집집마다 걸려 있는 꽃바구니, 오후의 차 한 잔, 손으로 쓴 카드가 아늑해서 좋았다. 늘 그대로 남아 있는 것들이 따스하게 마음을 어루만졌다. 급격하게 변화하고 갑자기 달라지는 곳에서는 막막하고 불안했지만, 천천히 흘러가며 변하지 않는 곳은 앞으로도 그럴 거라는 안정감을 주었다.

삶이란 본래 자질구레한 거다. 인생은 그런 삶들이 오래 누적된 거다. 오랫동안 공들여 가꾸는 것이 소중하지 않은 게 있던가? 어디에나 있는 것에도 기쁨이 있고, 누구나 가질 수 있는 것에도 기품이 있다. 매일의 식사, 하찮은 집안일, 특별할 것 없는 생활 속 대화 같은 소소한 일상이야말로 진짜 삶이다. 그런 작고 평범한 일상이 실은 경이로운 거다. 오래된 삶의 방식은 뻔하고 진부한 것이 아니다. 그건 긴 세월에도 사라지지 않고 고스란히 살아남아 지금까지 인정받는 인생의 지혜이자 답이다. 영국이라는 낯선 나라가 은근히 가르쳐 줬다.

남다른 동물 사랑

영국인의 동물 사랑은 남다르다. 아동학대방지전국협회가 왕립동물학대방지협회보다 훨씬 더 뒤에 생겼다는 것은 놀랍지만 사실이다. 공영방송(BBC)에서는 동물을 구조하고 연구하는 다큐멘터리를 자주 볼 수 있고, 길에서는 야생동물보호협회의 활동을 종종 만날 수 있다. 텔레비전 광고마다 온통 동물 캐릭터가 등장하는 것도 그들의 동물 사랑과 연관이 있는 게 아닌지 모르겠다.

동물 보호 활동

2부 소박하고 우아한 영국인의 일상

영국에서는 산책로에서 마주친 사슴이 사람을 봐도 피하지 않았다. 마당에 날아온 작은 새가 남편 곁에서 달아나지 않았다. 차가 다니는 도로에서 토끼를 만날 수도 있었고, 템즈 강가에서 염소를 만날 수도 있었다. 오리와 백조는 어디에서나 볼 수 있었고, 사람들은 수시로 오리와 백조에게 빵을 던져 줬다.

매년 7월에는 배를 타고 가면서 백조의 건강을 점검하는 전통이 있는데, 런던에서 아빙던까지 일주일이 걸린다고 했다. 노란색과 빨간색의 전통 의복을 입고 치르는 행사라서 멋진 볼거리라고 했다.

운이 좋으면 도시에서 여우를 볼 수도 있다. 여우가 근교에 살면서 먹이를 구하러 시내로 매일 통근한다는 글을 읽은 적이 있는데, 나는 그 녀석을 런던의 친구 집 뒷마당에서 만났다. 또 다른 친구 집에 갔을 때는 이웃집에서 공작새도 봤는데, 공작새가 사람 사는 주택가에서 사람들과 함께 살았다.

영국에는 새를 관찰하는 취미를 가진 사람도 많고, 가게에는 새 관찰용 망원경, 새 관찰기록 노트, 새를 부르는 피리를 팔기도 하며, 들판에는 새를 관찰할 수 있는 작은 나무집도 있다. 사람들은 정원에 새를 위해 모이통과 물통을 준비해 놓고, 가게 문밖에는 개를 위해 물그릇을 내어놓으며, 퍼브의 직원은 손님과 함께 온 개에게 물을 가져다준다.

"사람이 새와 함께 사는 법은 새장에 새를 가두는 것이 아니라 마당에 나무와 풀을 키우는 일이었다."(박 준, 『광장』)라고 했다. 어쩌면 영국인은 동물을 사랑하기 위해 자연을 사랑하는 건지도 모르겠다. 그들은 마치 사람의 손

길이 닿지 않는 듯, 자연을 자연 모습 그대로 보존한다. 광활한 초원과 푸른 언덕을 예전 모습 그대로 놔둔다. 집 가까이에 만들어 놓은 공원은 꾸미지 않아서 공원 같지가 않다. 집에는 방충망조차 없다. 정원은 자연을 닮은 모습으로 가꾸고, 꽃병에는 자연스러운 모양으로 꽃을 꽂는다.

가게 앞에 놓인 개 물그릇

개와의 사이는 더욱 각별하다. 그들은 정말 개를 많이 키운다. 개는 친구이자 가족이므로 마땅히 집 안에서 함께 산다. 매일 함께 산책하고, 못할 때는 돈을 주고 부탁해서라도 산책을 시킨다. 개와 함께라면 살짝 다른 사람이 되는 것도 같다. 비사교적이라서 낯선 사람과는 접촉을 피하는 사람들인데도 개와 동행한 사람과는 문제가 없다. 처음 만난 사람과도 금세 마음이 편해지고 아무런 불편 없이 대화를 시작할 수 있다.

나는 산책할 때마다 사람들을 지켜봤지만, 개도 지켜봤다. 영국인은 공원에 들어서면 곧바로 개의 목줄을 풀어주었다. 자유로워진 개가 지나가는 개에게 관심을 보이며 '쫄래쫄래' 따라가려고 하자 주인이 "안 돼."라고 말했다. 개는 그 말을 듣자마자 주인에게 귀를 기울였고, 주인과 눈을 맞추었으며, 그 자리에 서서 한 발짝도 움직이지 않았다. 영국의 개들은 혼자 제멋대로 돌아다니지 않았다. 혼자 다니다가도 주인이 부르면 곧장 돌아왔다. 늘 주인 가까이에 머물며 주인의 말을 경청했다. '으르렁'거리거나 '왕왕' 짖지도 않았다. 그 모습이 마냥 신기했다.

마트 앞에서 혼자 조용히 기다리고 있는 개를 보면 기특했다. 공원에서 남자가 책을 읽고, 그 곁에 가만히 누워 있는 개를 보면 평화로웠다. 할머니가 지팡이를 짚으며 느린 걸음으로 걸을 때, 앞서가다가 이따금 뒤를 돌아보며 기다려 주는 개를 보면 나까지 든든했다. 할머니와 개가 오래도록 서로 밀접하게 연결된 단짝 친구 같아서 부럽기도 했다.

단짝 친구 같은 할머니와 개

스텔라를 따라 아트 클래스에 갔을 때였다. 종이 위에 점처럼 작은 거미가 기어가는 것을 보고 스텔라가 내게 말했다. "이것 좀 봐. 정말 놀랍지 않아? 너무 작고 너무 아름다워."라는 그의 말에서 '그 티끌만 한 존재가 결코 하찮지 않다.'라는 그의 속뜻이 고스란히 전해졌다. 나라면 그냥 손가락으로 '꾹~' 눌러 버리거나, 입으로 '훅~' 바람을 불어 날려 버릴 거라고 생각했던 터라, 마치 잘못을 저지른 듯 뜨끔했다.

여럿이 그림을 그리고 함께 점심을 먹었다. 다 같이 식탁을 정리할 때, 한 친구가 정원에 나가 식탁보를 '툴툴' 털며 "우린 같이 사는 거야. (We live together.)"라고 말했다. 나는 그가 식탁보의 먼지를 터는 줄 알았는데, 새들에게 먹으라고 빵 부스러기를 터는 거였다. 그 말이 마치 동물들이 하는 말 같기도 했다. 나는 요즘 거미를 보면 가만히 내버려 둔다. 국물을 우려낸 멸치는 고양이에게 가져다준다.

행운을 부르는 말

"좋은 건 다 행운이야." 내가 말했다. 이제야 당연하게 생각했던 것들이 더 이상 당연하지 않다는 생각이 들어서였다. 지금처럼 풍요로운 시대에 태어난 것도 행운이었고, 여태 죽지 않고 살아 있는 것도 행운이었다. 고생하면서 힘들게 사는 사람들을 떠올리기만 해도, 내가 얻은 행운이 얼마나 많은지 단박에 알 수 있다.

영국인은 행운이란 말을 자주 했다. 좋은 친구 만나는 게 쉽지 않은 걸 알아서인지 좋은 친구가 있어서 "I am lucky."라고 말했고, 늘 비가 '오락가락'하는 나라여서인지 날씨만 좋아도 "We are lucky."라고 말했다. 결혼식에서 아름다운 신부를 얻은 신랑에게는 "You are lucky."라며 축하했다. 산책하다가 갑자기 비가 쏟아지면 "비가 내릴 뿐인 걸.(It's only rain.)"이라고 말하고는 우산도 없이 걸었는데, 나는 그들의 이런 태도가 맘에 들었다.

영국 이야기를 할 때마다 늘 좋은 것만 말하는 내게 스텔라가 말했다. 영국에는 좋은 것만 있는 건 아니라고 했다. 나쁜 것도 많고 문제도 많다고 했다. 나도 그걸 모를 리 없건만, 나는 좋은 것만 볼 거라고 했다. 좋은 게 많은데 굳이 나쁜 걸 바라볼 필요가 있느냐고 했다. 영국은 나의 굳어진 생각을 깨뜨려준 나라이자, 나를 전보다 더 행복하게 만들어 준 나라이기에, 나는 영국을 나쁘게 말할 수가 없었다. 그건 전혀 당연한 일이 아니니까 말이다.

'어떻게 나이 들면 좋을까?'라며 막막했던 무렵, 영국인의 사는 모습을 보며 '그렇지, 그렇지, 그렇게 살면 좋을 거 같아.', '아, 이렇게 살면 되는구나.'라고 생각했던 날들이 많았다. 그때마다 마음이 놓이면서 걱정이 날아갔다. 늙어서도 종종 행복할 수 있을 것 같았다. 마침내 찾아 헤매던 답을 손에 넣고서 기뻐했다. 마음속에 '차곡차곡' 쌓아 놓았다. 행운이 분명했다.

큰 병을 앓고 나서야 비로소 삶이란 언제든 끝날 수 있다는 걸 알게 되었다. 모두가 건강이 중요하다고 하는데도, 건강보다 삶이 더 중요하다는 걸 알게 되었다. 사람에게서 받은 상처가 삶을 얼마나 갉아먹는지도 알게 되었고, 용서란 상대를 놓아주는 게 아니라 나를 놓아주는 것이라는 것도 알게 되었다. 모르면서 살 수도 있었는데, 알게 된 것 역시 행운이 아닐까?

알게 된 것을 공표했다. "이제부터는 하고 싶은 것만 할 거야."라고 하니, 남편은 "세상이 네 맘대로 되느냐?"라고 했다. "심각하게는 아니지만, 진지하게 살 거야."라고 하니까, "그거니, 그기나."라고 했다. 사람들에게 "바쁘게 살지 않기로 했어요."라고 말했는데도, 그들은 여전히 나에게 "바쁘시죠?"라고 묻는다. 다들 잘 모르는 게 아닐까?

2부 소박하고 우아한 영국인의 일상

"세상은 단어들로 가득한 책과 같다. 그 단어들을 이어 행복한 문장, 불행한 문장을 만드는 것은 우리 자신에게 달린 일이다."(류시화, 『내가 생각한 인생이 아니야』)라고 했다. 인생은 꽤 어렵고 복잡하다. 인생을 이해한다는 건 불가능한 일이지만, 나는 기분 좋은 글, 힘이 나는 글, 밝은 글을 쓴다.

나는 성공을 바라지도 않고, 승리를 바라지도 않는다. 이제 나는 진짜를 원한다. 진짜는 애매모호한 게 아니고, 그럴듯한 게 아니다. 좋아 보이는 게 아니고, 번지르르한 게 아니고, 멋을 부린 게 아니다. 비슷하거나 닮은 게 아니다. 거짓이 아닌 진심, 진짜 중요한 것, 진짜 아름다운 것, 진짜 사람 사는 맛, 진짜 사람 냄새 같은 본질을 말하는 거다.

좋은 생각을 가지고, 좋은 사람들을 만나며, 함께 좋은 시간을 만드는 것이야말로 좋은 인생이 아닐까? 이제 나는 가짜와 진짜를 구별하려고 한다. '요기조기' 기웃거리지도 않고, 요령도 피우지 않으려고 한다. 샛길로 빠지지 않고 곧장 갈 거다. 남은 시간이 많지 않기에 이제는 돌이킬 수도 없고, 만회하기도 어렵다. 더 이상 잘못하고 싶지 않다. 더 이상 실수하고 싶지 않다. 이제부터는 아주 잘 해내야 한다.

영국인은 또 "행운을 빈다."라는 말도 자주 한다. 인생이란 혼자 힘으로는 불가능하다는 것을 잘 알기 때문이다. 여행을 떠날 때, 시합이나 시험을 앞두고 있을 때, 중요한 일이나 바라는 일이 있을 때마다, 그들은 "Good luck!"이라고 말한다. 행운을 향하여 곁에 와달라고, 도와달라고 부르는 거다. 우리 삶에도 늘 행운이 필요하지 않나? 앞으로 잘 살기를 바라면서, 좋은 결과를 내길 바라면서, 우리 모두에게 "굿 럭!"이라고 말하고 싶다.

시간을 길게 바라보는 사람들

영국에서 신기한 것 중에는 '정크숍(junk shop)'도 있었다. 온통 '버릴 만한' 물건으로 가득한 고물상 말이다. 넓은 부지에는 '쓸모없어진 하찮은' 물건이 잔뜩 쌓여 있었다. 가게 안에도 진열해 놓았고, 가게 밖에도 크고 무거운 물건이 많았다. 어떤 물건을 사용하는지 살펴보는 일은 어떻게 생활하는지 들여다보는 일이기도 해서 흥미로웠다.

나는 새것을 파는 가게에도 갔지만, 오래된 것을 파는 가게에도 갔다. 앤티크숍과 채리티숍은 볼 때마다 다 들어갔다. 외곽에 떨어져 있는 정크숍에는 혼자 가기도 했고, 나들이 삼아 친구랑 가기도 했다. 영국에서는 누군가가 쓰던 물건과 오래된 낡은 물건을 팔고 사는 일과 그런 물건을 사서 다시 쓰는 일이 아무렇지도 않았다. 게다가 값은 얼마나 저렴한지!

"별의별 물건이 다 있네.", "이런 것까지도 버리지 않는구나."라고 중얼거리면서 신기해했고, "이건 무엇에 쓰는 물건인가?"라고 묻기도 했다. 자주 드나드니까 뭐든 쉽게 버릴 수 없겠다는 생각이 들었다. 아직 쓸모가 남아 있을지도 모르겠다는 생각이 생겼다. 오래된 물건에 깃든 감성도 알 듯했다.

 영국인은 시간을 길게 바라보는 듯했다. 오래된 물건을 좋아할 뿐만 아니라, 오래된 집이 새 집보다 더 비싼 것을 보면 말이다. 새로 이사한 스텔라의 아들 집에 간 적이 있다. 아이들과 함께 사는 집에 낡은 벽지가 '군데군데' 뜯겨 있었다. "오래 살 집이니까, 천천히 고쳐 가면서 살 거다."라고 말하는 며느리도 시간을 멀리 바라봤다.
 우리나라 텔레비전에서 영국의 집을 소개했다. 헌 자재만으로 자신들이 직접 지은 집에는 그들만의 아이디어가 구석구석에 녹아 있었다. "언제 완성하는지는 중요하지 않다. 원하는 삶을 사는 것이 중요하다.", "빨리 완성하려는 사람에게는 어울리지 않는 삶이다. 과정이 중요한 사람에게 맞는 삶이다."라고 말하는 집주인의 시간에도 서두름이 없었다. 그가 모아 놓은 '정크 더미'가 원하는 것을 '하나하나' 만들어 가는 삶과 닮았다.
 텔레비전에서는 요즘 우리나라에서 힙한 식당도 소개했다. 세월이 느껴지는 식당에 젊은이들이 줄을 섰다. 대도시에서 바쁘게 사는 우리의 젊은이들이 레트로와 빈티지 같은 옛날 정서에 끌리는 게 신기했다. 모든 게 빠르게 변하는 세상에 살면서 그들도 기대고 싶은 무언가가 있는 걸까? 오래된 것이 남아 있지 않은 세상에 살면서 그들에게도 그리운 무언가가 있는 걸까?
 공간 디자이너인 딸은 지금 7, 80년대 분위기의 식당을 만들고 있다. 돌아가신 할머니 집에서 40년 된 붙박이 신발장, 찬장, 문짝, 창틀, 자개가 박힌 거울을 가져다가 재활용했다. 지금은 사라진 '금성 로고가 있는 에어컨'과 지금은 만들지 않는 '문양을 넣어 정성스레 만든 나무 문짝'이 지나간 시대를 보여 줬다. 딸은 "버려질 물건이 다시 쓰여서 좋다."라고 했다. "그간 수리할 때마다 쏟아져 나오는 쓰레기 때문에 생긴 죄책감이 조금 덜어졌다."라고도 했다.

"한국이 특별히 유행에 민감한 나라라는 것은 모든 것이 가장 빨리 낡아 버리는 나라가 바로 이 나라라는 뜻도 된다."(황현산, 『밤이 선생이다』)라고 했다. 결혼하면서 애써 장만했던 가구와 전자 제품이 손때가 묻기도 전에 쓰레기 더미로 전락한다고 했다. 10년을 살았던 아파트에 쌓인 추억이 없다고도 했다.

돌아가신 아버지가 즐겨 앉던 소파를 남편이 연구실로 가져가서 10년 넘게 사용했다. 얼마 전, 남편이 은퇴하면서 물건을 정리했는데, 수거하는 사람들이 소파까지 가져갔다. 오래되고 낡았으니까 성급하게 '버리는 물건'이라고 판단했던 거였다. 나는 몹시 애가 타는 마음으로 며칠에 걸쳐서 이곳저곳에 수소문했는데, 결국 소각되었다는 걸 확인했다. 참으로 어처구니가 없었다.

풍요로운 세상이 반드시 풍요로운 것은 아니다. 싸고 좋은 물건이 넘쳐 나서 새로 사거나 바꾸는 일이 무척이나 쉽다. 무얼 잊어버리는 줄도 모르면서 이제는 기억조차 하지 않는다. 옛날 물건을 보면 정겹지 않나? 손때 묻은 물건을 보면 그리움이 묻어나지 않나? 그 사람의 물건을 보면 그 시람이 생각나지 않던가? 아버지의 흔적이 쓰레기로 전락했다. 사랑하는 사람을 기억하지 못할까 봐 나는 몹시 슬펐다.

가장
나다울 수 있는 곳

영국인은 정원이 있는 집을 좋아한다. "프랑스, 이탈리아, 독일은 1990년에 지어진 반 이상의 집이 아파트이다. 영국은 15퍼센트만이 아파트이다."(케이트 폭스, 『영국인 발견』)라고 했다. 그들은 아파트가 주는 '편리'보다 집이 주는 '여유'를 좋아한다. 꽃을 가꾸면서 사는 것을 좋아하고, 화분과 꽃바구니로 장식한 집을 좋아한다.

길과 접해 있으면서 낮은 담장으로 둘러싸인 앞마당의 꽃 풍경을 이웃과 마음껏 나누면서 산다. 밖에서는 보이지 않는 더 넓고 더 아름다운 뒷마당은 주인만 누리면서 산다. 마당에 나가 허리를 굽혀 꽃과 채소를 가꾸며 살고, 오후에는 차 한 잔을 챙기면서 산다. 친구들을 불러 바비큐를 즐기고, 수업을 열며, 자선 활동까지 벌인다. 삶이란 좋아하는 사람들과 함께 좋아하는 것을 하는 것인데, 그들은 그런 일을 집에서 한다.

"파리는 파리이지, 프랑스가 아니다."라는 프랑스 친구의 말처럼, 런던은 런던일 뿐이다. 집값과 생활비가 비싸고 또 생활이 바쁘고 복잡한 런던은 직장이 있는 곳이다. 런던에서 일하는 대부분의 영국인은 린던 근교에

2부 소박하고 우아한 영국인의 일상

살면서 런던으로 출퇴근을 한다. 도시에서 멀어질수록 집은 커지고 가격은 낮아지는 법이다. 도시에서는 원하는 물건이 많아지고, 시골에서는 원하는 시간이 많아진다. 그들이 살고 싶은 곳은 런던이 아니라 시골이다. 그들이 원하는 것은 물건이 아니라 시간이다. 관광객들은 영국을 보기 위해 런던에 가지만, 나는 영국의 시골이 더 영국적이라고 생각한다.

영국인에게 집은 자기만의 공간일 뿐만이 아니다. 자기를 보여 주고 자기를 표현하는 공간이다. 그래서 그토록 집을 수리하는 일에 열정적인가 보다. 심지어 그들은 집에 이름까지 지어 준다. 모퉁이에 있는 집이라서 '코너 하우스(corner house)', 작은 시골집이라서 '리틀 코티지(little cottage)'라고 짓기도 하고, 집에 있는 꽃과 나무의 이름을 붙이기도 한다. 그들은 돈이 많이 생겨도 더 좋은 집으로 잘 옮기지 않는다. 나는 친구를 만나기 위해 이십 년 전에 살던 마을에 갔는데, 딸의 초등학교 선생님을 그곳에서 다시 만났다.

그들에게 집을 꾸미는 일은 매우 중요한 일이다. 집을 수리하는 일에 유난스럽고, 손수 집을 고치는 일은 흔하며, 텔레비전에는 집수리 과정을 보여 주는 프로그램이 많다. 집들은 저마다 특색이 있으며 오래된 집이라도 무척 예쁘다. 딸이 어릴 적 친구를 만났다. 결혼을 앞둔 친구의 커플은 헌 집을 사서 직접 수리할 거라면서 모든 외식을 끊고 돈을 모으는 중이라고 했다. 베스트 프렌드끼리 이십 년 만에 만났는데, 겨우 음료수 한 잔 마시고 헤어졌다.

이름을 가진 집

나는 집에 있으면서도 집을 누릴 줄은 몰랐다. 집은 집안일만 떠올리게 했고, 집에 있으면 아무것도 안 하는 것 같았다. 집에 있는 나 자신이 이따금 보잘것없게 느껴지기도 했다. 충족되지 않은 뭔가를 채우기 위해 밖으로 나갔고, 그게 밖에 있는 줄만 알았다. 집에 살면서도 집을 보지 못했고, 집이 보이지도 않았다. 원하는 삶의 내용이 없었기 때문이었다.

그때의 나는 고작 그랬다. 이제는 가장 나다울 수 있는 집이 편안하다. 집에서 나누는 친구와의 대화는 오붓해서 서로에게 귀를 기울이게 된다. 평소와는 다른 이야기를 하게 된다. 사이가 더 깊어지면서 각별해진다. 떨어져 사는 딸은 집에 오면 밀린 잠을 잤다. 집이란 그렇게 편히 쉬는 곳이겠거니 했는데, 딸이 좀 다른 말을 했다. 집은 '내가 사랑받고 있다는 것을 알 수 있는 곳'이란다. 집의 새로운 발견이었다.

　우리가 삶을 죄다 밖으로 몰아낸 건 아닌지 모르겠다. 집을 사기 위해 하루 종일 밖에서 일하고, 소유한 것 중에서 가장 많은 돈을 지불한 집에서는 잠만 잔다. 수십 년을 만난 친구끼리 서로의 집에 가 본 적이 없다. "좋은 집이란 구입하는 것이 아니라, 만들어지는 것이어야 한다. (A good home must be made, not bought.)"(조이스 메이너드, 작품명 미상)라고 했다. 원하는 삶이 있어야 원하는 집을 만들 수 있었다. 삶을 가꾸는 일은 집을 가꾸는 일이기도 했다. 집을 애써 아름답게 가꿔야 하고, 유용하게 사용해야 하는 이유였다. 어쩌면 지금보다 더 행복할 수 있는 해답이 집에 있는지도 모른다.

좋아하는 것이 많은 삶

영국인의 삶을 작게 나누어 들여다봐도 재미있지만, 크게 전체를 바라보는 것도 흥미롭다. 영국인은 이랬다저랬다 하지 않고 '꾸준히' 하는 것을 잘하는 것 같다. 인생을 살면서 무언가를 찾는 데 시간을 허비하지 않고, 무엇으로 행복해지는지 혼동하지 않는 것 같다. "매일의 축적이 중요"(사노 요코, 『그래도 괜찮아』)하다는 것을 아는 듯, 서두르지도 않는 것 같다.

그들은 삶을 좋아하는 것들로 구성한다. 그것들과 서서히 친숙해지고, 자기만의 즐거움에 가치를 매기며, 오래 누적된 시간을 통해서만 알 수 있는 것을 즐긴다. 침착하고 태연하게 자신의 삶을 돌보며 '자분자분' 찾아오는 작고 소소한 행복을 발견한다. '평생 함께해도 좋은 사람들'과 함께, '평생 해도 즐거울 것 같은 일들'을 한다. 마치 그런 규칙이라도 있는 것처럼, 온 국민이 그렇게 산다.

가든 센터

걷기는 영국인의 독특한 일상이다. 대부분 혼자 걷거나 개와 함께 걷는데, 비가 와도 걷고 추워도 걸었다. 아빠가 아이들을 데리고, 엄마가 갓난아기를 품에 안고, 할아버지가 개와 함께 걷는데, 부부가 함께 걷는 모습을 제일 많이 보았다. 우리는 여자는 여자끼리 남자는 남자끼리 걷는데, 우리보다 훨씬 더 늙은 부부가 손을 잡고 걸었다.

정원 가꾸기는 전 국민의 취미이다. 모두가 정원 있는 집에 살기를 원한다. 바쁜 세상에서 돌아오면 정원으로 나간다. 자신만의 낙원에서 여유를 누리고, 아름다운 것을 볼 때의 행복과 충만감을 즐긴다. 정원용품을 사러 가든 센터에 가고, 가드닝 클럽과 가드닝 수업에 참여하고, 가드닝 잡지를 읽으며, 텔레비전에서 가드닝 프로그램을 즐겨 본다.

홍차는 빠뜨릴 수 없는 일상이다. 계급에 상관없이 누구나 마시고, 시간에 구분 없이 언제든지 마신다. 홍차가 음료일 뿐만 아니라, 분위기를 바꾸는 도구임을 영화에서 볼 수 있었다. 영화 〈노팅 힐〉에서 주인공 남자는 할 말이 없을 때, 여자에게 만나자고 청할 때, 화를 내며 떠나는 여자를 위로할 때, 그럴 때마다 홍차 이야기를 꺼냈다. 영국인은 사고로 크게 다쳐도, 충격을 받아도 차를 끓일 사람들이다.

친구는 오래 사귀면서 그윽해지는 존재이다. 그들은 성별을 뛰어넘고 어떤 세대와도 친구가 될 수 있지만, 날이 갈수록 깊어지며 평생으로 이어지는 관계여야 한다. 매년 영국에 갈 때마다 친구와 나는 일주일에 한 번 '꼬박꼬박' 만났다. 친구는 긴 운전도 마다하지 않고 나에게 영국을 보여 줬다. 집으로 불러 함께 차를 마셨고, 밥을 먹었고, 자주 바비큐를 했다. 십 년을 만난 친구는 십 년 동안 '쭉' 그랬고, 이십오 년을 만난 친구는 이십오 년 동안 '쭉' 그랬다. 내게 그런 사람은 많지 않다.

평생 사회 활동을 하면서 인생을 즐긴다. 기부와 기증이 생활 속에 있다. 곳곳에 타인을 위한 사회 활동과 자선 행사가 있다. 사람들은 물건은 물론이고 크고 넓은 저택과 정원까지도 기증한다. 평소 돈이나 재능으로 사회에 일조하며, 크고 작은 자선을 하며 산다. 〈어서 와, 한국은 처음이지?〉라는 텔레비전 프로그램에서 한국에 사는 영국인 제임스 후퍼는 '스리 픽스 챌린지(Three Peaks Challenge)'를 제안했다. 24시간 안에 한라산, 지리산, 설악산을 등반하는 도전으로 강원도 나무 심기에 기부한 일은 매우 영국인다운 일이었다.

인생을 즐기는 사람들

그들이 오래도록 꾸준히 하는 일들을 떠올려 봤다. 이사는 잘 가지 않아도 집수리는 꾸준히 했다. 해마다 친구는 부모와 아이들이 함께 연주하는 가족 음악회를 열었다. 미술 전시회에는 노인들이 넘쳐났고, 머리가 희끗희끗한 노인이 카누를 탔고, 더 이상 두발자전거를 못 타는 할아버지는 세발자전거를 탔다. 좋아하지 않으면 뭣 때문에 하겠는가? 좋아하지 않으면 어떻게 꾸준히 하겠는가?

"좋은 삶은 좋은 사람들, 좋은 돈, 좋은 일, 좋은 시간, 좋은 건강이 있는 삶이며, 좋은 자기로 사는 삶과 좋은 프레임으로 세상을 보는 삶"(최인철, 『굿 라이프』)이라고 했다. 사람들이 시간을 보내는 방법을 보면 그들이 어떤 삶을 사는지 알 수 있다. 영국인은 좋은 것이 많은 좋은 삶을 사는 것 같다.

요즘 영국의 트렌드

"요즘 영국의 트렌드가 무엇인지 아느냐?"라고 스텔라가 내게 물었다. 나는 속으로 '올 때마다 변함이 없는 나라에 무슨 트렌드가 있나?' 했는데, 그의 대답은 의외였다. 요즘 영국에서는 의도적으로 정원 일부분을 가꾸지 않는단다. 일부러 잔디를 깎지 않고 잡초를 뽑지 않고 그대로 내버려둔단다. 온 국민의 취미가 정원 가꾸기인 나라에서 왜 그럴까 했다. "벌레들을 위해서."라는 그의 말에 나는 속으로 깜짝 놀랐다.

영국인의 자연을 사랑하는 방식이 나는 생각지도 못한 거라서 새로웠다. 옛날부터 늘 있던 방식이라서 예스럽기도 했다. 벌레까지도 세심하게 챙기려는 깊은 속뜻이 전해졌고, 진지하게 환경을 도우려는 마음이 느껴졌다. 그제야 비로소 내가 영국에서 머무는 집 정원의 사과나무 밑에 덤불이 가득했던 이유를 알겠다.

지구온난화, 기후변화, 이상 기온이란 말이 익숙해졌다. 지구가 뜨거워지니 여름이 길어졌고 겨울은 짧아졌다. 혹독해진 기후 때문에 여러 생명체가 이미 사라졌다. 사람 사는 곳에 사람 살기가 힘들어졌다. 모두가 연결

된 세상에서 벌레도 살기 어려워졌다. 우리는 환경보호, 친환경, 저탄소를 외치지만, 환경은 도대체 나아질 기미가 보이지 않는다.

영국인은 집집마다 정원에 빨랫줄을 두고 아직도 빨래를 줄에 널어 햇볕에 말린다. 음식물 쓰레기는 모아서 퇴비로 만들어서 쓴다. 장에 가거나 슈퍼마켓에 갈 때 장바구니를 들고 가는 것은 당연하고, 시장에서는 비닐봉지가 아니라 종이봉투를 사용한다. 환경을 걱정한다면 그들의 삶의 방식이 매우 옳고 바르지 않은가?

코로나 19 때문에 내가 못 간 지난 3년 사이, 영국의 슈퍼마켓에는 '필요한 만큼 용기에 담아 가는 코너(Refill Station)'가 생겼다. 비닐봉지를 대체하는 속이 들여다보이는 헝겊 주머니도 구비 됐다. 변하지도 않고 또 변하지 않아도 행복한 나라에서 내가 발견한 변화가 새롭고도 신속했다. 환경을 생각한다면 영국이야말로 앞선 나라가 아닐까?

필요한 만큼 담아가는 코너

채소를 담는 헝겊 주머니

'성공 방정식'을 읽은 적이 있다. 무척이나 멋있어서 머릿속에 오래도록 간직하고 있다. "행복+지속적인 성장+기여=성공"(조슈아 필즈 밀번, 라이언 니커디머스 『미니멀리스트』)라고 했다. 성공한 사람이란 현재의 자기 모습과 하고 있는 일에 만족하고, 개인으로서 지속적으로 성장하며, 의미 있는 일로써 타인에게 기여하는 사람이라고 했다.

나는 그들의 성공 방정식에 관심이 있다. 그들이 말한 대로 성공하고 싶은 건전한 의욕이 있다. 언젠가 며느리가 하던 일을 그만둔 내게 "어머니는 일하고 싶지 않으셔요?"라고 물은 적이 있다. 세상에는 돈과는 무관하게 가치 있는 일이 있다. 돈을 벌려고만 하지 않는다면 할 일은 많다. 나는 "돈을 추구하지 않아서 그렇지, 지금도 일하는 중이다."라고 대답한 적이 있다.

나는 늘 장바구니를 가지고 다닌다. 쓰레기 분리수거를 철저히 하고, 일회용품은 되도록 피한다. 백화점이나 가게에서는 쇼핑백에 담아 주는 친절을 사양하고, 시장에서는 헝겊 주머니에 담기 위해 무조건 담아 주는 비닐봉지를 거절한다. 번거롭지만 고기를 사러 갈 때는 잊지 않고 용기를 챙겨 간다. 비닐봉지는 씻어서 다시 쓰고, 누군가에게 과일이나 채소를 담아 줄 때는 사용했던 봉지라고 양해를 구한다. 그런 내 노력에도 불구하고, 집에는 쇼핑백과 비닐봉지가 좀처럼 줄어들지 않는다. 나 혼자 힘으로는 아무런 변화가 없다. 환경을 위해서는 '우리 모두'가 '조금 더' 노력해야 하지 않을까?

내 글을 읽고 사람들이 "알겠다. 알겠다고~."라고 말할 듯하다. "너무 당연한 얘기 아닌가?"라고 말할 것도 같다. "어째서 편하고 안락하게 살면 안 되느냐?"라고 물을지도 모르겠다. 모두가 알고 있고, 어느 정도는 실천하고 있지만, 이대로는 부족하다는 것을 모르지는 않으리라.

"나는 사회복지사도 환경운동가도 아니지만 여행을 할수록 세상에 도움이 되는 일을 해야겠다는 생각이 들었다."(카트린 지타, 『내가 혼자 여행하는 이유』)라고 했다. 영국에 가면 갈수록 나도 그랬다. 자신이 사는 세상, 자신이 속한 사회, 자신이 모르는 사람들을 돕는 사람들이 보였다. 내가 지구를 살릴 수는 없지만, 지금 무엇을 해야 하는지는 알 수 있다.

돌아가신 아버지는 생전에 내게 "떠날 때 아쉬운 사람이 되라."고 말했다. 빈자리가 느껴지는 필요한 사람이 되라는 뜻일 텐데, 지금 생각날 게 뭐람. 나이가 드니 삶에 대한 자세를 생각하게 된다. 떠나기 전에 할 수 있는 일을 하고 싶다. 늦었지만 이제라도 아버지의 말씀을 듣고 싶다.

인생을 멋지게 마무리하는 방식

사람 사는 모습을 의자로도 알 수 있다. 영국에는 의자가 많고 종류도 다양하다. 책상 의자, 식탁 의자, 안락의자뿐만 아니라, 화장대 앞에 놓는 등받이가 없는 '스툴(stool)', 책상 밑에 두고 다리를 올려놓는 나지막한 스툴, 작고 깜찍한 어린이 의자도 있다. 아기에게 젖을 먹일 때 편한 '수유 의자(nursing chair)'와 몸이 나른할 때 잠시 누울 수 있는 '데이 베드(day bed)'까지 있다. 차를 마시거나 책을 읽을 때, 공원에 들고 나가는 접이 의자는 집집마다 있다.

벤치도 곳곳에 무척이나 많다. '띄엄띄엄' 공원에도 있고, 시내 한복판에도 있고, 가게 앞에도 있다. 자연을 감상하기 좋은 곳, 조용해서 생각하기 좋은 곳, 편안하게 쉬기 좋은 곳, 오붓하게 이야기 나누기 좋은 곳, 느긋하게 책 읽기 좋은 곳마다 잘도 안다. 마치 벤치가 '그렇게 하고 싶은 곳에서는 그렇게 하라.'고 말하는 듯하다.

아무것도 없는 들판 한가운데와 있을 것 같지도 않은 외진 구석에서 벤치를 만났을 때는 의아하면서도 반가웠다. 한참을 올라간 언덕의 꼭대기에서 마주치면 감탄이 나왔다. 이 무거운 걸 이렇게 높은 데까지 운반해 온이들에게 감사하는 마음이 들었다.

　유독 눈길이 가는 건 누군가가 기증한 벤치였다. 돌아가신 부모님이나 사랑했던 사람의 이름을 새겨 놓았다. 이름은 대단한 사람만 남기는 줄 알았는데, '사랑을 준 사람'과 '사랑을 받은 사람'이라면 누구나 남길 수 있는 거였다. 떠나간 사람을 '길이길이' 기리며, 세상과 '두루두루' 나누는 방식이 근사했다. 하찮은 인생을 멋지게 마무리하는 방식이 훌륭했다. 그리워하고 기억하는 것만으로도 떠나간 삶은 충분하지 않은가?
　벤치에 앉기만 해도 금세 느긋해졌다. 새들의 지저귐에 귀를 기울이면 마음이 쉽게 평화로워졌다. 거대한 나무에 매달린 나뭇가지들이 한꺼번에 '뭉글뭉글' 흔들리는 모습을 지켜보면 머릿속에서 상상이 넘실댔다. 사방이 '확~' 뚫린 언덕 꼭대기에 앉아 바람을 맞으면 가슴이 '뻥~' 뚫렸다. 온몸의 감각이 '활짝' 열리는 것 같았다.
　사람 사는 데 좋은 일만 생기겠는가? 더러 헐거운 공기와 헐거운 생각이 간절한 날도 있었다. 열심히 사느라 하루는 빡빡한데도 나는 허전했다. 문을 '꼭꼭' 걸어 잠그고 사느라 마음이 답답했다. 배운 대로 사는데도 나는 변변찮고 시시했다. 기운이 빠지고 허탈해지면서 바보 같았다. 거의 울음이 터질 지경이 되었다. 무거운 속마음을 '훌훌' 털어 버리고도 싶었고, 아무도 없는 곳으로 사라지고도 싶었다.

기증한 벤치에 적힌 글 　　　　　　　기증한 벤치

메리 앤 섀퍼와 애니 배로스가 쓴 『건지 감자껍질파이 북클럽』을 읽었다. 마음이 갑갑해지는 날에는 그리 멀지 않은 곳에 있는 공원에 간다고 했다. 나무 아래 의자에 앉아서 지나가는 사람들과 뛰어노는 아이들을 구경하다 보면 갑갑한 게 어느 정도 풀린다고 했다. 가만히 앉아 있다고 해서 반드시 쉬고 있는 것만은 아니다.

아무것도 할 수가 없고 아무 데도 갈 데가 없는 나를 반겨 줄 곳이 있으면 좋겠다. 이불 속에서 울기보다는 나올 거라며 나를 초대하는 곳이 있으면 좋겠다. 당장은 도움이 될 것 같지 않은 시간과 돌이켜보면 쓸모없을 것 같은 시간이라도 함께할 곳이 있으면 좋겠다. 그저 말없이 가만히 앉아 있을 곳이 있으면 좋겠다.

의외의 위로를 받을 수 있는 곳이 벤치일 수도 있다. 벤치가 나 자신에게 솔직해지라고 하면서, 가만히 마음이 가는 길을 따라가라고 할 수도 있다. 잊을 건 잊어버리라고 하면서, 이제부터 뭘 해야 하는지를 깨닫게 해 줄 수도 있다. 어느새 나를 조금 전과는 다른 사람으로 만들어 줄 수도 있고, 어쩌면 고되고 힘든 삶을 아름답게 느껴지게 할 수도 있다.

"우리는 우리에게 일어나는 일들을 이해하는 시간이 필요하다."(스페인 화가, 에바 알머슨)라고 했다. 작은 흠집만으로도 쓰리고 아플 수 있고, 똑바로 잘 가다가도 길을 잃을 수 있다. 우리에게는 보듬어 주고 챙겨 줄 곳이 필요하다. 길을 잃은 곳이 어디쯤인지 알아볼 곳이 필요하다. 진정으로 세심한 배려와 친절을 베푸는 곳이 벤치일 수도 있다. 우리가 사는 곳에 벤치가 많았으면 좋겠다.

이토록 다른
영국인과 미국인

아파트 엘리베이터에서 외국인을 만났다. 인사를 나눴을 뿐인데 곧바로 따라 내리더니 나에게 이름, 전화번호, 아파트 호수를 물었다. 나는 '초면에 이런 걸 묻는 걸 보니, 미국인 같은데.'라고 생각했다. "일은 하지 않는데, 대신 매일 남편을 훈련시킨다."라며 웃길 때는 '이건 서양식 유머이고.', "시어머니는 어떤 분이냐?"라고 궁금해할 때는 '흠, 동양적인 질문이군.'이라고 생각했다. 곧바로 "같이 운동하겠느냐?"라고 묻고는 "편한 신발을 신고, 물과 수건은 가져오라."라고 말할 때는 '적극적인 미국인이 분명해.'라고 생각했다.

"언제 돌아가느냐?"고 물으니까, "세상에는 '그냥 사는 사람'과 '다름을 인식하며 사는 사람'이 있다."라고 하면서, "다양성에 대한 태도'를 얻을 수 있으므로, 여기서 너 살고 싶다."라고 했다. 그가 말할 때마다 다양한 문화가 떠올랐는데, 알고 보니 그는 인도계 미국인이었다.

미국은 능력 사회이다. 돈에 우선순위를 두고 편리와 효율을 좇는다. 큰 집과 큰 차를 좋아하며 아메리칸 드림을 꿈꾼다. 낯선 사람과 쉽게 친해지고, 소개를 나눈 후 두 번째 만남부터는 상대방을 친구로 생각한다. 미국인 여인의 집에 간 적 있는데, 그는 "우리 집에 두 번 왔으니 이제부터는 냉장고를 마음대로 열어도 된다."라고 했다. 허그, 키스, 터치가 많고, 말을 많이 하고, 목소리가 크다. 영국을 좋아하고, 영국 영어를 격조 높은 영어라고 생각한다.

영국은 계급사회이다. 성과나 업적보다는 인권이 주요하고, 경제적 이익보다는 정신적 가치를 중요하게 생각한다. 돈으로도 살 수 있는 권력이나 영향력보다 돈으로는 살 수 없는 존경을 우위에 놓는다. 낡고 오래된 것을 좋아하고 변화를 싫어하며 불편을 감수한다. 작은 집에서 작은 차를 타고 절제하며 산다. 낯선 사람과 새로 사귀는 것을 어려워한다. 말수가 적고, 몸이나 손으로 하는 제스처도 적다. 미국을 싫어하고, 미국 영어를 혐오한다.

영국인은 예의 바르고 공손한데도 희한하게 미국만은 마음 놓고 무시한다. 영화 속 영국 여인은 빵을 손에 들고 걸어 다니면서 먹는 미국인 남자에게 "앉아서 먹는 게 낫지 않겠어요?"라고 말했다. 새로 이사 올 이웃을 걱정하는 마을 주민들은 "미국인이 오는 것보다 낫지 않느냐?"라고도 했다. 내가 만난 영국인도 "미국인은 시끄럽고 예의가 없다."라면서 얼굴을 찌푸렸다. "미국 문화는 돈벌이에 큰 가치를 두면서도 실상 사회를 위해 꼭 필요한 일은 그다지 중요시하지 않는다."(메리 파이어, 『나는 내 나이가 참 좋다』)라고 했다. 미국인 작가도 인정하는 미국인의 모습이다.

미국인은 물건에 돈을 얼마나 썼는지 자랑하고, 영국인은 물건을 얼마나 싸게 샀는지 자랑한다. 미국인은 예쁘고 멋진 옷을 입고, 영국인은 튀지 않는 옷을 입는다. 미국인은 많이 소비하고 많이 먹고 많이 버리고, 영국인은 근검절약하고 적게 먹고 잘 버리지 않는다. 미국인은 따뜻하고 촉촉한 토스트를 좋아하고, 영국인은 식어 버린 마른 토스트를 좋아한다. 미국인은 나이프와 포크로 음식을 자른 후에 나이프는 내려놓고 오른손에 포크를 옮겨서 먹는다. 영국인은 식사를 마칠 때까지 양손에 나이프와 포크를 들고 먹는다. 비슷할 것 같은 나라가 이토록 다르다.

영국은 생활은 불편하지만 삶은 풍요로운 나라이다. 규칙과 질서를 잘 지키고 어디서나 줄을 서는 것이 마땅한 나라이다. 종업원에게도 정중하게 부탁하고 감사하는 공평한 나라이다. 조용히 점잖게 말하고 에둘러 표현하는 우아함이 깃든 나라이다. 오래된 거리, '구불구불'한 골목, 낡은 벤치가 고즈넉하고, 꽃이 가득한 정원과 차 한 잔이 있는 아늑한 나라이다.

영국에 드나들면서 나에게도 '다양성에 대한 태도'가 생겼는지도 모르겠다. 처음에는 전혀 다른 세계에 당황했는데 점차 그들의 사고방식에 물들었다. 나를 묶어 놓았던 고정관념이 깨지고, 마음가짐과 성향이 바뀌고, 생각과 습관이 달라졌다. 더 여유가 생겼고 더 행복해졌다. 아주 조금 더 시야가 넓어진 것도 같았다. 엘리베이터에서 만난 여인이 바라던 것이 이런 게 아니었을까?

우리가 지나치게 성공에 중독되어 있는 것은 아닌지 모르겠다. '빨리'와 '많이'와 '더'가 또 다른 성가심을 가져다준 것은 아닌지 모르겠다. 삶의 목표가 '성공'이 아니라 '행복'이어도 되지 않을까? 메리 파이어는 이런 말도 했다. "행운은 행복을 누리기 위한 필요조건도 충분조건도 아니다. 하지만 태도는 필요충분조건이다."라고 말이다.

3부

가지 않았더라면 몰랐을 영국인의 사는 방식

영국을 알아가는 지름길

영국 시골의 작은 빌리지에서 1년을 살았을 때였다. 마을에 있는 것이라고는 작은 초등학교, 작은 슈퍼마켓, 우체국, 미용실 그리고 신문과 담배 등을 파는 구멍가게가 전부였다. 서로를 다 알기에 누구라도 마주치면 가던 길을 멈추고 '두런두런' 얘기를 나누는 한가로운 마을이었다. 현관문은 아예 열어놓고 사는 평화로운 동네였다.

그곳에 사는 동안 나는 하고 싶은 것은 다 해 보고, 궁금한 것은 다 물어보기로 굳게 마음먹었다. 미국에서 4년 반을 살았고, 영국의 타운에서 2년을 살았는데도, 별다른 기억이 없어서 아쉬웠기 때문이었다. 친구 한 명 사귀지 못한 게 떠올랐기 때문이었다. 손에 물을 적시기만 하고 아예 뛰어들지는 않은 것 같았기 때문이었다.

내가 먼저 영국 여인들을 집으로 초대했다. 한국 음식을 먹으며 이야기를 나눴다. 답례로 그들은 나를 각자 집으로 초대했는데, 덕분에 나는 여러 명의 친구를 한꺼번에 얻었다. 손수 구운 케이크를 맛보여 준 친구도 있었고, 정원의 꽃을 선물한 친구도 있었다. 이이들끼리 서로의 집을 제집처럼 드나들며 놀았던 친구도 있었고, 한국에 와서도 편지를 주고받은 친구도 있었다.

친구는 낯선 세계를 들여다보는 창문이었다. 그들의 집은 소박했고 가구는 낡았다. 설거지할 때는 설거지통에 물을 받아서 했고, 한 번 쓴 은박지는 다시 사용했다. 퇴근 후에는 매일 정원을 가꿨다. 아이가 고등학교를 졸업하면 독립시켰고, 가족과 함께 휴가를 떠날 때면 독립한 아이는 자신의 비용을 부담했다.

친구는 영국을 만나는 통로이기도 했다. 학교 강당에서 엄마들은 직접 구운 케이크와 차를 판매해서 학교 운영비를 모았다. 나는 케이크와 차를 나르고 그릇을 닦는 일에 참여했다. 여럿이 한푼 두푼 모아 학교를 후원하는 방식과 학교 강당이 주민들의 카페가 되는 것이 좋았다. 비가 잦은 나라에서 "비가 와도 소풍은 간다. 우리는 영국인이니까."라는 교장 선생님의 말씀은 인상적이었다. 정원에서 꺾은 꽃 몇 송이를 들고 와서 선생님께 선물하는 아이의 마음은 예뻤다.

점점 영국인의 삶 속으로 들어갔다. 교회에서 올리는 소박한 결혼식과 마을 회관에서 여는 조촐한 피로연에 초대받았다. 오래된 카펫과 흠집 많은 가구가 놓인 집에도 갔고, 밍밍한 맛의 영국 음식도 먹었다. 자연을 닮은 은은한 정원을 바라볼 때는 고상한 품성을 떠올리며 그들의 드러나지 않는 계급을 상상하기도 했다.

노인과의 우정도 가능했다. 매주 흰머리의 친구를 찾아갔고, 꽃을 심는 법을 배웠으며, 함께 나들이도 했다. 함께 간 '첼시 플라워 쇼'에서는 그들이 얼마나 꽃을 사랑하는지와 얼마나 멋지게 정원을 가꾸는지를 보았고, '옥션'에서는 오래된 가구와 물건들을 어떻게 간직하고 어떻게 물려주는지를 보았다.

교회에서 올리는 소박한 결혼식

친구는 친구가 되어 주었을 뿐만 아니라, 차를 마시며 대화를 주고받는 즐거움도 알게 해주었다. 오래도록 이어지는 우정의 소중함도 알게 해주었다. 틀에 박힌 성공의 정의에서 벗어나게 해 주었고, 지나치며 놓쳐 버린 행복의 기술까지 가르쳐주었다. 친구들 덕분에 삶을 느끼는 맛의 종류가 늘어났다.

그들처럼, 나도 너무 열심히 일하지 않고 너무 바쁘게 지내지 않기를 선택했다. 많은 것을 바라지 않고 가진 것에 만족하려고 했다. 성공을 바랄 게 아니라 행복을 바라고, 행복과 즐거움을 느끼는 것에 집중했다. 내게 주어진 축복을 떠올리며 감사함을 느끼려고 했다. 어느새 내 안에는 '미묘하지만 확실한 변화'가 일어났다.

친구는 영국을 알아가는 지름길이었다. 나는 책이 아닌 사람을 통해 영국을 배웠다. "누구를 만나든 즐거운 마음으로 만나려고 노력하는 것도 중요하지만, 처음부터 좋은 사람과 어울리는 것이 중요"(최인철, 『굿 라이프』)하다고 했다. 나는 좋은 친구들 덕분에 좋은 추억이 가득한 후회 없는 한 해를 보냈다.

한 번 친구는 평생 친구

영국인과 친구가 되기는 어렵지만, 한 번 친구가 되면 평생을 간다. 그들은 낯가림이 심해서 쉽게 친해지지 못하고 외국인에게는 말을 걸지도 않는다. 인사를 나누고 난 후 만남으로 이어지기까지는 무척이나 오래 걸린다. 그런 영국인과 내가 친구가 된 것이 흥미롭다. 수십 년 이어진 그들과의 우정은 놀랍기만 하다.

영국의 시골에서 시작된 우정이 25년째이다. 매년 그곳에서 한 달 반을 머물렀는데 어김없이 일주일에 한 번씩 만났다. 우리는 늘 가던 식당으로 가서 점심을 먹고 차를 마셨다. 가게를 둘러보았고, 조용한 곳으로 가서 걸었고, 옛날 이웃이나 옛날 친구들을 함께 만나기도 했다. 친구는 한 해도 거르지 않고 우리 부부를 집으로 초대했다. 독립한 아이들까지 불러서 모두가 함께 저녁을 먹는 일은 아무리 생각해도 감탄스러웠다. 영국인은 변화를 싫어해서 늘 같은 식당에 가서 같은 음식을 먹는다는데, 어찌 보면 우리의 만남도 비슷했다.

갈 때마다 같은 집에 머물면서 집주인과도 가까워졌는데 이제는 십년지기 친구가 되었다. 도착하면 늘 꽃을 꽂은 꽃병과 손으로 쓴 카드로 환영했는데, 이제는 홍차와 커피와 간식이 보태졌다. 물과 주스를 냉장고에 넣어두고, 라디오와 설거지 선반을 준비해 놓았다. 샤워 커튼을 새것으로 바꿔놓고, 자동차를 빌리러 간다니까 태워 주기까지 했다.

그도 역시 매년 나와 함께 일주일에 한 번 '꼬박꼬박' 만나는 일정을 만들었다. 함께 꽃을 사러 가든 센터에 갔고, 아름다운 저택으로 가서 정원을 감상했고, 예쁜 마을을 둘러본 후에 아늑한 티룸에서 점심을 먹었다. 바비큐 파티를 벌여 새로운 사람들을 소개해 주었고, 친구들을 만나거나 함께 멀리 나들이를 나갈 때도 나를 끼워 줬다. 친구가 되니 친절과 배려가 점점 늘어났다.

일면식도 없는데도 영국인 친구 둘이 서로 약속이나 한 듯 닮았다. 일을 가진 사람들인데도 빠짐없이 나를 위해 시간을 냈고, 멀리 사는데도 나를 데리러 오고 데려다줬다. 처음에는 쌀쌀맞고 무뚝뚝해 보였는데, 알고 나니 친근하고 따뜻했다. 종종 우스꽝스러운 유머를 날리면서도 빈말이나 인사치레가 없었다. 언제나 예의가 발랐다. "연락할게." 하면 연락했고, "밥 한번 먹자." 하면 밥을 먹는 식이었다. 내가 영국이라는 낯선 나라를 좋아하고, 영국에서의 삶이 즐거운 추억으로 가득한 것은 모두 친구들 덕분이었다.

인생을 사는 데 친구와의 우정을 빼놓을 수 없다. 완벽한 인생을 바라는 게 아니다. 혼자서는 행복하지 않기 때문이고, 누군가 이야기를 나눌 상대가 필요하기 때문이다. 인생에서 친구는 새로운 풍경이고, 우정은 새로운 풍경을 만드는 일이다. 서로에게 시간을 내어주는 일이고, 조금씩 알아가고 조금씩 가까워지면서 아주 서서히 깊어지는 일이다. 듣고 말하면서 상대를 이해하는 거고, 나도 그렇게 이해받는 거다.

만날 때마다 그들은 "가고 싶은 곳이 있느냐?", "하고 싶은 것이 있느냐?"라고 물었지만, 나는 멋진 곳에 가지 않아도, 특별한 것을 하지 않아도, 함께 이야기만 나누어도 좋았다. 이야기하면서 우정을 나눴고, 오랜 시간을 이어가면서 우정을 쌓았다. 우정의 정의가 여럿 있겠지만, 나는 "우정은 이야기다."(한병철, 『땅의 예찬』)와 "우정은 세월이다."(사노 요코, 『쓸데없어도 친구니까』)에 가장 마음이 끌린다.

집에 돌아와서 우정을 찾았다. 손가락만 까닥하면 금세 연락이 되고, 관계가 그물처럼 빼곡하게 엮여 있는데도, 우정은 멀리 있는 것 같았다. 우리는 종종 멀리 떨어져 살면서, 서로 만날 시간을 내지 못하면서, 친구로부터 얻는 기쁨과 풍요로움을 놓치며 산다. 삶을 지탱해 주는 데 우정이 얼마나 위로가 되는지, 얼마나 힘이 되는지 잊어버리고 산다. 우리의 수많은 만남이 우정으로 이어지지 않는 것은 '이야기'가 빠지고, '세월'이 부족해서가 아닐까? 친구와의 우정을 위해서도 면밀한 계획과 꾸준한 노력이 필요하지 않을까?

시골에 살아 봐서 얼마나 다행인지!

우리 가족은 또다시 영국에서 살았다. 남편의 연구소가 가까운 '아빙던(Abingdon)'과 '옥스퍼드(Oxford)'에서 살아봤으니, 이번에는 더 작은 빌리지 '스탠퍼드(Stanford-in-the Vale)'에서 살아보기로 했다. 아이들이 각각 중학생과 초등학생이었는데, 아들은 옆 마을에 있는 학교로 버스를 타고 통학했고, 딸은 마을에 있는 학교로 걸어서 다녔다.

시골의 아주 작은 마을에 산 덕분에 수십 년 지기 친구를 만날 수 있었고, 그 덕분에 우리 가족 모두는 달콤한 추억을 만들 수 있었다. 성인이 된 딸은 지금도 망설임 없이 그 시절을 "평생 잊지 못할 가장 행복했던 일 년이었다."라고 말한다. "이담에 아이가 생기면 나랑 똑같은 나이에 똑같은 경험을 하게 해주고 싶다."라고 말할 정도이다.

마을에는 높은 건물도 없었고 새 건물도 없었다. 오직 단층과 이층의 돌집들뿐이었다. 나지막한 돌담 위로 집과 정원과 작은 골목이 보이는 풍경이 어딜 봐도 그림 같았다. 엄마와 아이는 매일 함께 걸어서 학교를 오가고, 사람들은 가던 길을 멈추고 안부를 물었다. 어린아이들은 매일 자전거를 타며 놀았고, 하루에도 몇 번씩이나 친구 집을 오고 갔다.

　도시에서 멀어질수록 삶은 더 여유로워졌다. 도시에서 살던 집보다 집이 더 커졌고, 정원은 더 널찍해졌다. 딸은 같은 반이자 골목 친구인 쌍둥이 남자애들과 하루종일 함께 놀았다. 동전 몇 개를 주면 아이들은 신이 나서 사탕을 사러 달려가곤 했다. 서로의 집에서 잠을 자기도 했고, 시골에 사는 할머니의 집에 함께 가기도 했다. 한국에서는 바깥에서 뛰어노는 아이들과 동전 몇 개에 들뜨는 아이들이 이미 사라졌는데, 영국은 한국보다 더 시골 같았다.

스탠퍼드 빌리지의 그림 같은 풍경

"도시 생활은 전부 지갑 사정과 씨름하는 시간이다."(사노 요코, 『아니라고 말하는 게 뭐가 어때서』)라고 했다. 지갑 사정이 좋으면 자연을 손에 넣을 수도 있고, 자연을 원하는 만큼 누릴 수도 있다고 했다. 지갑 사정과 씨름하는 시간이 시골에서는 대부분 내 것이 되었다. 머리는 맑고 깨끗한 공기에 감탄했고, 혀는 마당의 채소를 구별할 수 있었다. 자연의 넉넉함을 보고 배우면서 마음이 푸근해졌고 따뜻해졌다.

행복은 너무 애쓰지 않고 너무 바쁘지 않은 곳에서만 보이는 것 같았다. 불편함과 부족함은 오히려 여유가 되었다. 뒤로 처졌다는 불안감과 멀리 떨어져 있다는 소외감은 도리어 평화로 다가왔다. 한국에 있는 친구는 "아무것도 못 하겠다."라면서 투덜대던데, 나는 시골에서 아무것도 안 해서 좋았다. 힘들게 얻은 것만 성공이 아니라, 곁에 있는 걸 누릴 줄 아는 것도 성공 같았다.

살았어도 도시는 그립지 않던데 시골은 그리웠다. 도시에서 얻은 것보다 도시에서 놓친 것이 컸다. 도시에 살면서도 종종 자연에 가까이 가고 싶었다. 꽃과 나무 곁에 머물면서 한가롭게 지내고 싶었다. 고급문화와 앞선 기술만 세련된 게 아니었다. 살아보지 않은 시골에서 가져 보지 않은 시간을 보내면서 이렇게 살아도 될 것 같은 용기가 생겼다. 생각하면서 살아야 하는데, 생각은 조용해야 할 수 있는데, 시골은 조용해서 생각하기 좋았다.

일생에 한 번은 시골에 살아보자. 아이들이 어릴 때라면 그 시간은 아이들에게 최고의 선물이 될 것이다. 당장 그렇게 하기 어렵다면 언제라도, 오래가 어렵다면 잠시라도 살아보자. 귀한 것들을 애쓰지 않고도 손에 넣을 수 있다. 자연을 곁에 두면 보이는 것이 달라진다. 넉넉한 마음을 가진 부자가 된다. 아, 시골에 살아 봐서 얼마나 다행인지! 그걸 알게 되어서 얼마나 다행인지!

하늘 이야기를
하는 나라

영국에 오면 제일 먼저 하늘이 나를 반겼다. 런던 히스로 공항에 내려서 옥스퍼드로 가는 동안, 하늘이 내게 말을 걸어왔다. 나는 "하늘이 정말 넓다.", "하얀 뭉게구름과 파란 하늘이 참 예쁘네."라며 대답을 했다. 영국은 일 년 내내 비가 '오락가락' 하고 우중충하지만, 여름만은 좋다. 남편과 나는 영국의 여름을 찬양한다.

미셸의 차를 타고 가면서 나는 창밖으로 보이는 시골의 풍경에 감탄했다. 시골길을 따라 오래되고 나지막한 집들이 심심치 않을 만큼 보였다. 차보다 몇 배나 키가 큰 나무들이 빽빽하게 우거진 울타리도 보였다. 초록을 품은 나무 울타리 위로 하얀 구름이 떠다녔고, 푸른 하늘은 활짝 트여 있었다. 나는 평범하고 흔한 이런 영국의 풍경이 참 좋았다. 시골의 드라이브는 가만히 앉아만 있어도 좋다고 했더니, 미셸은 당연하게 느껴지면서도 하늘에게만은 언제나 마음을 빼앗긴다고 했다.

아이들에게도 예쁜 하늘을 보여 주고 싶었다. 영국의 하늘을 사진 찍어서 가족의 카톡방에 올렸다. 딸이 서울의 하늘 사진으로 답을 했다. 퇴근길에 찍었다는 청명하고 푸른 서울 하늘이 영국 하늘 못지않게 예뻤다. 회색 구름 뒤로 오렌지색 노을이 투명하게 번져 있는 하늘도 아름답고, 구름 뒤편에서 강렬하게 노란 광선을 쏘아 대는 하늘도 놀랍도록 경이로웠다.

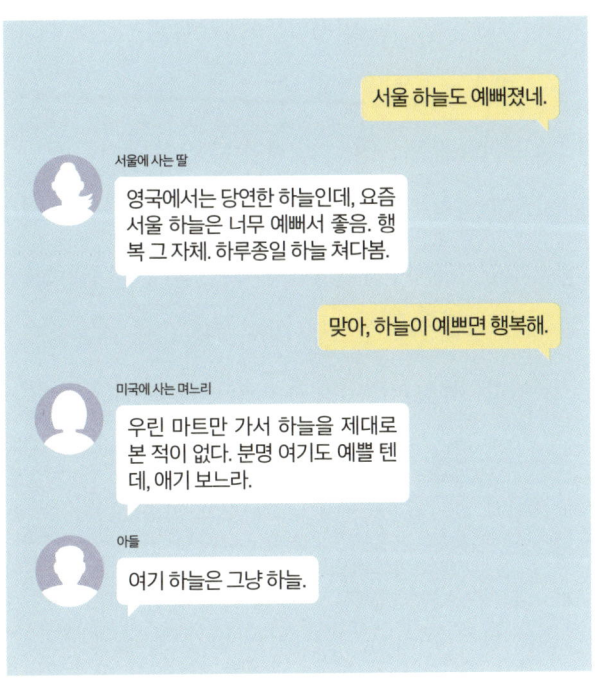

파란 하늘을 바라봐도 행복했지만, 별이 있는 밤하늘을 올려다봐도 행복했다. 영국에서 유성이 쏟아질 거라는 날, 사방이 깜깜해질 때를 기다려 마당에 의자를 놓았다. 이불까지 덮고 기다리면서 한참 동안 하늘을 올려다봤다. 유성이 나타날 거라는 W를 닮은 카시오페이아 자리 주변을 뚫어지게 쳐다봤다.

하늘은 살짝 벌어진 구름 구멍 사이로 품고 있던 별을 조금씩 보여 줬다. 우리는 하늘을 바라보며 하늘 이야기만 했다. "빨간불이 반짝거리며 지나가는 건 비행기다.", "조금 있으니까 비행기 소리가 들리지?", "별 같은데 움직이는 건 인공위성이고.", "인공위성도 보이는구나.", "구름이 참 빨리 움직이네."라고 했다.

포기하지 않고 기다린 덕분에 도통 걷힐 것 같지 않던 구름이 다 사라졌다. 꼬리에 불꽃을 단 크고 굵은 노란색 선이 눈 깜빡할 사이에 '획~' 지나갔다. "아, 별똥별이다!"라며 놀라고 흥분했다. 오래 기다리니 하늘은 아주 가끔 작은 유성도 보여 줬다. 옆으로, 위로, 왼쪽으로, 오른쪽으로 '슝~' 하고 뻗으며 지나갔다. 처음 본 별똥별을 여섯 개나 보았다. 멀찌감치 어스름하게 달빛이 번져 오더니 달이 떴다. "아, 달은 이렇게 뜨는구나."라고 말하면서 달빛에 가려서 보이지 않는 별을 뒤로하고 일어났다.

우리는 하늘을 잊고 산다. 누구에게나 공평한 것, 곁에 있는 평범한 것, 언제든지 손에 넣을 수 있는 것을 하찮게 여긴다. 바로 눈앞에 있는 자연의 신비를 무심코 흘려보내며 제대로 인정하지 않는다. 분주함에 밀려 이 아름다움을 마주하지 못한다.

신기하게도 하늘을 올려다보면 걱정거리가 하나도 생각나지 않는다. 마치 하늘이 선물을 주는 것 같다. 바라보는 사람에게 하늘은 낮에도 밤에도 선물을 준다. 가져가는 사람은 임자가 되고, 많이 바라보는 사람은 부자가 되는 선물이다. 자주 바라보고 많이 이야기하면 마음이 편안해지고 든든해진다. 영국의 시골에 오면 하늘을 오래 바라본다. 하늘 이야기를 많이 한다.

말도 안 되게
지루한 사람

"지루하다고 느낀다면 지루한 사람이다. (If you are bored, you are boring.)"라고 했다. 늘 "지루하다."라고 말하는 친구를 두고 스텔라가 하는 말이다. 만나자고 해도 같이 뭘 하자고 해도 아무것도 하지 않는 친구를 참 '지루한 사람'이라고 했다. 그 말을 듣고, 나는 '재미있다는 건 어떤 것일까?' 생각해 봤다. 사람마다 다르겠지만, 나는 대화에서 재미를 느끼고, 대화가 재미있다면 재미있는 사람이란 생각이 들었다.

영국인은 '돈 이야기'를 하지 않는다고 이미 말한 바 있는데, 그들은 '나이 얘기'도 '건강 얘기'도 하지 않는다. 심지어 암에 걸린 친구 집에 갔을 때도 "아픈 얘기는 꺼내지 말라."고 내게 미리 귀띔까지 했다. 그들에게 걱정이란 말 없이 하는 것인가보다. 여인들은 헤어지면서 "친구가 피곤할까 봐 일찍 나왔다."라는 말만 서로 교환했다.

그런데도 영국인은 친한 사이에서는 자기 생각을 잘 드러낸다. 스텔라는 나보다 나이가 열 살 가까이나 많은데도, 이야기가 다채롭고 새로워서 늘 귀를 쫑긋하게 한다. 삶의 재미가 다양해서 이야깃거리가 흥미롭고, 시야가 넓고 경험이 많아서 배울 게 많다. 때때로 마음을 사로잡는 이야기도 있어서 열심히 귀를 기울이게 된다.

한국의 친구들을 만나면 반갑긴 했지만 뻔한 얘기를 할 때면 좀 따분해졌다. '늙어서', '나이 드니까'로 시작하는 얘기가 많았고, '어디가 아프다.', '뭐가 몸에 좋다.' 같은 얘기가 잦았다. 내 이야기가 아니라, '아는 사람'이나 '모르는 사람' 같은 다른 사람의 이야기를 많이 했다. 그럴 때마다 나는 나도 모르게 딴생각이 나서 딴 곳을 바라보면서 할 말이 없어지곤 했다. 머릿속은 공통주제를 찾느라 바쁘기도 했다. 대화가 수면 위에서 찰랑거리다가 끝나는 느낌도 들었다. 오랫동안 만난 친구들인데도 도대체 무슨 생각을 하며 사는지 잘 모르겠다. 그들도 내 생각에는 별로 관심이 없는 듯해서 나도 할 말이 없었다.

무라카미 하루키가 여행 작가이자 소설가인 친구의 아프리카 여행 이야기를 소개했다. 오락거리도 없고, 볼거리도 없고, 영어를 할 수 있는 사람도 없어서 진절머리가 나던 차에 영어를 상당히 잘하는 일본인을 만났을 때란다. "기뻐하며 대화를 시작했지만, 이내 상대가 말도 안 되게 지루한 사람이라는 사실을 깨닫는다. 얘기가 틀에 박혀 있다고 할까, 조금도 깊이가 없다."(무라카미 하루키, 『샐러드를 좋아하는 사자』)라고 했다. 혼자 벽 보고 있는 편이 낫겠다고도 하고, 지루한 대화는 고문에 가깝다고도 했다. '자신의 의견'을 가지는 것이 중요하단 얘기였다.

나도 비슷한 생각을 한 적이 있다. 늦은 나이에도 불구하고 대학원에 간 것은 영어를 잘하고 싶어서였다. 영어를 유창하게 구사하는 어린 학생을 보고 몹시 부러웠는데, 그 유창한 말 속에 내용이 없어서 곧바로 실망했다. 나는 영어를 잘하는 것만 바랐는데, 그때부터는 자신의 의견을 갖는 게 먼저라고 생각했다.

글쓰기는 늘 난감하고 어렵다. 그렇기는 해도 희미한 생각들이 조금씩 정리되면서 좀 더 선명해지는 느낌은 좋다. 쓰면 쓸수록 복잡하고 무거운 삶이 좀 더 단순해지고 가벼워지는 느낌도 좋다. 쓰고 나면 나름대로 의견이 생기는 것은 기쁘다. 내 머리로 하나의 의견에 다다르는 것에 의미를 부여한다. 대단한 글은 아니지만, 나만의 의견을 갖는 것을 큰 수확으로 여긴다.

오랫동안 의견 없이 살아온 듯하다. 어른 얘기를 듣느라 내 생각은 필요 없었고, 다른 사람들의 얘기를 듣느라 내 생각은 하지도 않았다. 의견을 갖는 게 어려웠고, 의견을 표현하는 데 서툴렀다. 다른 사람의 생각과 의견을 마치 내 것인 양 살아온 듯하다. 대단한 의견은 아니지만, 의견이 없을 때보다 갖고 있을 때의 지금 내 모습이 좋다.

행복한 노년기를 꿈꾼다. 이따금 만나서 이야기를 나누는 사이를 좋아하고, 이야기가 통하는 사람을 좋아한다. 너무 진지할 필요는 없더라도 가끔은 깊은 얘기를 나누는 걸 좋아한다. 내 이야기가 기가 막히게 재미있지는 않더라도, 싫증이 나고 답답하지는 않았으면 좋겠다. 서로에게 충만한 대화라면 더할 나위 없겠다.

어느 날, 스텔라가 내게 "너는 왜 맨날 여자들 이야기만 하느냐?"라고 물었다. 남자는 남자끼리 여자는 여자끼리 이야기하고, 여자들은 여자들만 만나는 우리가 떠올랐다. 남편에게 "남자들은 무슨 얘기를 하느냐?"라고 물었는데, "별 얘기 안 한다."라고 하면서도 "건강 얘기는 섣불리 꺼내면 안 된다."라고 했다. 내가 "엉?" 하니까, "건강 얘기 나오면 대화는 끝이야. 정치는 서로 다르니까 얘기하다가도 그만하자고 하는데, 건강 얘기는 끝이 없어. 의사는 할 말이 더 많고."라고 했다. 허 참, 우리 대화가 너무 그렇지 않나?

아침은 삶을 디자인하는 시간

늦게 잠자리에 드는 남편을 따라서 한참 동안 나도 그렇게 살았다. 그런데 수년에 걸쳐 '차츰차츰' 일찍 일어나더니, 어느새 나는 아침형 인간이 되었다. 남편이 시키지도 않았고, 내가 묻지도 않았으면서도, 나 혼자 그가 원할 거라고 생각해서 그에게 맞추며 살았던 방식들이 많았는지도 모른다. 그냥 내 생각대로 내 방식대로 산다고 해도, 우리 가정이 크게 달라지지는 않았을 텐데도 말이다.

충분히 잠을 자고 나면 저절로 눈이 뜨인다. 맨 먼저 이를 닦고, 물을 끓여 홍차를 우린다. 영국에서도 아침마다 홍차를 마시는데, 이상하게도 영국에서 마시는 홍차가 더 맛있다. 홍차를 곁에 두고 책을 읽거나 컴퓨터 앞에 앉아 글을 쓰기도 하는데, 요즘은 필사하는 재미가 늘었다. 일어나자마자 그런 일이 가능할까 싶지만, 습관이 된 몸과 정신은 쉽게 그런 모드로 바뀐다.

창문을 열어 신선한 공기를 맞으며 내가 제일 좋아하는 시간을 시작한다. 아무 방해 없이 하고 싶은 일에 집중할 수 있는 나만의 시간이다. 좋아하는 시간을 보내고 나면 하루를 잘 산 것 같은 안정감이 든다. 작은 일이지만 오래 지속되어 몸에 붙으니, 심지어 내 삶은 아침 시간이 모여서 된 것 같은 생각까지 든다. 내 시간과 내 하루가 내 손안에 있는 느낌이 들면서, 이런 시간이 많아지고 길어지면 내 인생이 내 손안에 잡힐 것 같다는 생각도 든다.

옥스퍼드의 필기구 가게

 필사하는 즐거움은 옥스퍼드 시내에 있는 오래된 필기구 가게에서 비롯됐다. '이런 것에 이렇게나 정성을 들였나?'라고 할 만큼, 멋진 구식 필기구들이 많이 있었다. 노트, 카드, 만년필, 펜, 펜촉, 책갈피 등 고풍스럽고 예쁜 것들이 많았다. 옛날 영화에서나 볼 수 있는 깃딜이 달린 펜과 불로 녹여서 편지를 봉하는 빨간색 실링은 클래식했다. 펜촉은 모양이 다양한데, '30년대 영국체', '40년대 프랑스체' 같은 시대별 트렌드가 있는 것도 신기했다. '뭐, 이런 것까지 필요할까?' 하는 망설임 끝에 마침내 펜대와 펜촉을 샀다. 깃털까지는 없어도 상큼하고 밝은 주황색 나무 펜대로 정했다.

펜촉 끝에 잉크를 찍어 책에서 읽은 글귀를 공책에 옮겼다. '스극스극' 펜촉이 종이를 긁는 소리가 경쾌하게 내 귀를 집중시켰다. 잉크가 천천히 펜촉을 따라가며 글씨가 되는 행위는 럭셔리했다. 힘이 들어가지 않고 미끄러지듯, '쓱쓱' 가볍게 써지는 것은 의외였다. 잉크를 많이 혹은 조금 찍을 때가 달랐는데, 농도에 따라 글씨가 진하거나 옅어지는 맛이 있었다. 적당하게 잉크를 수용하면서 반듯한 글씨로 완성하는 종이도 있었고, 잉크를 너무 많이 흡수하여 '퍽' 하고 퍼져서 글씨를 뭉그러뜨리는 종이도 있었다. 만년필과 볼펜보다 종이를 까다롭게 받아들이는 옛날식 펜의 태도 역시 전에는 몰랐던 맛이었다.

펜으로 글을 써 봤다. 만년필이나 볼펜으로 쓸 때보다 손놀림은 가벼우면서도 만년필의 중후함과 볼펜의 홀가분함 모두를 느낄 수 있었다. 손을 움직여서 써나가는 손맛과 눈으로 읽는 맛, 그리고 글씨가 귀로도 들리는 맛은 글과 글 쓰는 이가 나누는 미묘한 소통 같았다. 눈으로 읽은 글을 손이 옮기고, 귀가 들어서, 쓰는 이의 머릿속에 전달하는 맛이랄까?

멋진 필기구가 많은 가게

"아침에 일어나서 제일 먼저 하는 일은 사람마다 다를 것입니다. 아침 시간을 보내는 모습에서 각자의 개성이 드러난다고나 할까요?"(와타나베 유코, 『집의 즐거움』)라고 했다. 이 책의 저자는 아침 시간을 알차게 보내는 사람을 옷차림이 세련된 사람만큼 멋지게 여긴다고 했다. 멋진 여성은 분명 아침 시간도 근사하게 보낼 거라고도 했다. 나이가 들면서 더 단순하고 더 일정하게 살고 싶어지더니, 내 아침 시간도 일정해졌다. 나만의 아침 시간을 가졌다는 것만으로도 멋진 사람이 된 것 같아서 벅차기까지 했다. 매일 아침, 나는 좋아하는 일을 하면서 삶을 디자인하는 중이다.

좋아하는 것으로
하루를 채우는 것

처음 본 영국은 우울하고 쓸쓸했다. 겨울인데도 비가 연일 '주룩주룩' 내렸고, 습기를 머금은 추위가 온몸으로 파고들었다. '어둑어둑' 했던 낮은 오후 4시가 되니 아예 캄캄했다. 세월을 짐작할 수 없는 낡은 건물들로 거리는 무겁게 가라앉았고, 웃지도 않고 무뚝뚝한 사람들은 우산도 없이 걸었다. 시골에서 살아 본 적도 없는데 푸른 잔디 위에 하얀 양 떼가 보이는 곳에서 살 걸 생각하니까 우울하기만 했다.

도착하자마자 게스트하우스에 묵었다. 고급 숙소라는데 실내는 어두웠다. 좁은 부엌만 현대식으로 바꾸었을 뿐, 모든 게 그대로였다. 모든 게 옛 모습 그대로였다. 아니, 그렇게 보존된 곳이었다. 처음 살던 집 역시 작고 불편하기는 마찬가지였다. 집 뒤편에는 가꿀 줄도 모르는 정원이 딸려 있었고, 부실한 히터와 구식 창문은 축축한 추위를 막지 못했다. 찬물과 더운물이 각각인 수도꼭지는 그릇을 씻을 때도 샤워를 할 때도 불편했다. 냉장고는 꼭 세탁기만큼 작아서 가득 채워 놓아도 금세 텅 비었다.

찬물과 더운물이 각각인 수도꼭지

"어떤 여행은 인생을 바꾼다."(최인철, 『굿 라이프』)라고 했다. 지금의 나는 영국이 만들었는지도 모르겠다. 처음 도착했을 때만 해도 내가 영국이라는 나라에 이토록 마음을 빼앗기게 될 줄은 꿈에도 몰랐다. 갈 때마다 '평화'와 '행복'을 만나러 가는 느낌이 들었다. 변함없는 곳은 익숙해서 편안했고, 내 것이 된 시간은 한가로우면서도 지루하지가 않았다. 없는 게 많고 불편한 곳인데도 마음은 크고 넉넉해졌다.

백화점과 책 가게의 나이가 수백 살이라니 믿기지 않았다. 옛날 영화 속의 거리가 지금과 똑같아서 입이 '떠억' 벌어졌다. 유서 깊은 건축물은 감탄스러웠고, 자연을 닮은 정원은 아늑했고, 차를 즐기는 방식은 우아했다. 푸른 들판에 흰 양 떼는 평화로웠고, 탁 트인 하늘과 나무만 보이는 풍경은 황홀했다. 저절로 "뷰티플!"을 외쳤다. 수년을 드나들었던 노천 시장이 여전해서 신이 났다. 손때 묻은 가구를 물려주고 낡은 물건을 그대로 사용하는 사람들에게는 고개를 숙이게 되었다. 시간이 돈이라는 시대에 꽃을 가꾸고 손으로 카드를 쓰는 사람들이 반가웠다.

일요일의 풍경은 낙원을 닮은 것 같았다. 날씨가 좋은 날, 그들은 강에서 배를 탔고, 한가롭게 떠 있는 백조와 오리를 바라보았다. 크고 웅장한 나무 곁을 산책했고, 잔디밭에 누워 햇볕을 즐겼다. 부부는 유모차를 끌며 이야기를 나눴고, 갓난아기를 안은 아빠는 나무에 기대앉아 샌드위치를 먹었다. 가족들이 함께 아이스크림을 핥았고, 차를 마셨고, 샌드위치를 나눴다.

140년 역사를 가진 서점

공원에서 가족이 함께 즐기는 모습

오래 살다 보면 저절로 알게 되는 것이 있듯이, 오래 영국에 드나들다 보니 저절로 좋아지는 것도 있다. 나는 이제 오래된 것이 좋고, 조용하고 바쁘지 않은 것도 좋다. 행복의 모양까지 달라져서 결국 대구 인근에 작은 집을 마련했다. 자연을 가까이에 두고 하루를 더 내가 바라는 시간으로 채우고 싶어서였다.

'좋아하는 일'과 '하고 싶은 일'을 정해서 매일 그 일을 한다. '일'이 아니라 '행복'에 집중하고, '열심히 할 거야.'가 아니라, '행복해질 거야.'를 다짐한다. 그 일을 우선으로 하고, 그 일을 위해 바쁘지 않으며, 그 일에서 즐거움을 느낀다. '어떻게 하면 행복해질까?' 하고 고민하는 대신, 행복한 일을 하는 거다.

그저 내가 좋아서 하는 것일뿐인데도 좋다. 매일 하니 그리 힘들지도 않다. 좋아하는 시간으로 하루를 채울 수 있다는 것만으로도 앞날이 든든하다. "무료한 일상에서 무엇인가에 몰두하며 자신만의 즐거움을 찾는 일은 영국인들이 가장 좋아하는 것이다."(권석하, 『영국인 재발견 2』)라고 했다. 영국인의 모습에서 지금의 내 모습을 발견한다.

영국이라는 좀처럼 변하지 않는 나라에서 내가 변한 게 신기했다. 내 인생은 달라지지 않았는데, 내 삶은 달라졌고 나는 더 행복해졌다. '좋아하는 것'과 '하루를 채우는 것'이 달라졌다. '좋아하는 것'이야말로 '나'이고, '하루를 채우는 것'이야말로 '삶'이다. 원하는 삶을 살기 위해서는 먼저 나 자신에게 물어봐야 한다. 내가 좋아하는 것은 무엇인지, 나의 하루는 무엇으로 채워져 있는지, 그리고 내 삶이 어떻게 달라지고 싶은지 말이다.

댁에서
패션쇼를 해도 될까요?

"댁에서 패션쇼를 해도 될까요?"라고 물으며 집주인에게 허락을 구했다. 부부 모임의 단톡방에 있는 다른 사람들의 동의도 기대했다. 수년째 모임을 식당에서 하고 있는데, 이번에는 집으로 초대한다는 말에 '불쑥' 떠오른 생각이었다. 집주인은 영문도 모르면서 "빈방 많습니다. 등이 '훤~히' 파진 옷으로 준비해 오세요."라고 했고, 사람들은 "학수고대하고 있겠습니다.", "박수와 환호를 준비해 가요."라고 했다. 그들의 환영과 응원까지 받고 나니, 나는 신이 났다.

입지 않는 옷들이 옷장만 차지하고 있다는 걸 아는데도, 막상 정리하려니까 과감함이 필요했다. 여태 없었던 본전 생각이 굴뚝같이 올라오면서, 좋아하고 아낀다는 애착심과 언젠가는 필요할지도 모른다는 비축 심리 같은 것들이 뒤섞여 나를 방해했다.

기어코 체중을 줄이겠다는 단단한 결심과 다시 입을 수 있을 거라는 희망도 헛된 것임을 인정해야 했다. 세월 따라 나의 모습과 나의 취향도 달라졌음을 수긍해야 했다. 마음을 크게 먹고 커다란 쇼핑백이 가득 찰 만큼 옷을 빼내었다. 옷장의 빈자리는 흔적도 없었고, 있을 것 같던 아쉬움도 생기지 않았다.

돌아가신 아버지가 쓰던 여행 가방에 '차곡차곡' 옷을 개어 넣은 것은 좋아하는 것들과 제대로 이별하고 싶은 나만의 의식일지도 모르겠다. 낡고 묵직한 가죽 가방에는 두툼한 손잡이와 빛바랜 금속 고리가 달려 있다. 옛날 흑백사진에서나 볼 수 있는 올드패션의 멋이 있다. 장식으로 거실에 놓았는데, 바라볼 때마다 아버지가 그립다.

단단하고 각이 진 가방을 양옆으로 벌려서 열면, 평평한 바닥과 너른 품이 옷을 구기지 않으려는 배려를 보여 준다. 가방 바닥에는 셔츠나 구두 등을 넣기에 안성맞춤인 공간이 따로 있는데, 지금 봐도 감탄스러운 디자인이다. 많은 사람이 들고 다니는 바퀴 달린 초경량 가방이 이런 멋과 배려를 밀쳐내기라도 한 것 같아 이따금 안타깝다. 나는 아버지를 그리워하듯, 그런 것들이 그립다.

가방이 모두의 시선을 끌면서 패션쇼에 대한 궁금증을 불러일으켰지만, 집주인이 준비한 아름다운 상차림에 감탄하고 감사하는 것이 먼저였다. 충분히 음식을 맛보고 여유롭게 대화를 나눈 후에 패션쇼의 시작을 알렸다. 여인들을 방으로 부르고 옷을 펼치며, 취향과 사이즈가 맞는 사람은 가져가라고 했다. 이 옷 저 옷을 입어 보고, 그 모습을 거울에 비춰 보는 행위는 여인들만의 들뜸이고 즐거움이었다. 사용하지 않은 물건을 다시 쓰고, 함께 나눈다는 의미 같은 건 굳이 말하지 않아도 되었다.

내가 우려했던 것들이 죄다 소용이 없어져서 기뻤다. 느닷없는 패션쇼 때문에 집주인이 준비한 상차림의 정성이 희석될까 봐, 새 옷이 아닌 헌 옷이 누군가에게 불편한 마음을 줄까 봐, 취향과 사이즈라는 이유로 많이 가져가는 사람과 하나도 못 가져가는 사람이 있을까 봐, 그리고 옷이 많이 남을까 봐, 여러 번 망설였다. 웃으면서 흔쾌히 골고루 몽땅 다 나눠 가질 수 있어서 참으로 다행스러웠다. 여인들은 런웨이를 걷는 패션모델처럼 옷을 차려입고 수줍게 거실을 한 바퀴 돌았다. 남편들은 관객처럼 박수를 보내며 사진을 찍었다.

'불쑥' 떠오른 생각이 어쩌면 '불쑥' 떠오른 게 아닐지도 모른다. 20여 년 전, 처음으로 영국에서 채리티숍을 보았다. 집에서 쓰지 않는 물건을 기증하는 것과 그토록 낡고 자질구레한 물건을 다시 판매하는 것에 놀랐다. 정책적으로 채리티숍을 시내 중심가에 두는 것은 감동적이었다. 영국에는 마을마다 심장병 환자, 암 연구, 파킨슨병 환자 등을 후원하는 자선 가게들이 무척 많다. 친구들에게 옷을 주거나, 서로 입던 옷을 교환하거나 선물로 준다는 글을 어디선가 읽은 적이 있는데, 그것도 한몫했을 거다.

영국인의 생활 속에는 늘 기증과 기부가 있다. 나는 영국에 갈 때마다 단골 가게에 가듯이 채리티숍에 자주 들렀는데, 노인들이 자원봉사자로 일하는 모습이 보기 좋았다. 2002년에 한국에도 영국의 '옥스팜(Oxfam)'을 모델로 한 '아름다운 가게'가 생겨서 뿌듯하다. 어쩌다 집에서 패션쇼를 했다. 과감함이 더 요긴한 나이가 된 나는 하고 싶은 일을 집에서 한다.

재미있는 양말을 신고, 알록달록하게 산다

특별히 기억나는 날이 있다. 미셸이 나를 집으로 초대했다. 그의 부엌에 걸려 있는 '와인이 없는 식사는 아침 식사라고 부른다.'라는 글을 보고 웃었는데, 역시 함께 초대받은 밥 할아버지와 미셸의 친구 준도 와인을 들고 왔다. 우리는 거실에 앉아 인사를 나누며 가볍게 샴페인을 마셨다.

여름이라 여인들은 목이 깊게 파이고 어깨가 드러난 블라우스를 입었는데, 할아버지는 넥타이를 맸고 윗옷 주머니에는 손수건까지 꽂았다. 그 모습이 아직도 신사의 이미지로 남아 있다. 주름진 얼굴에도 피부색이 맑고 눈빛이 살아 있는 모습은 돌아가신 내 아버지를 연상시켰다. 아버지도 외출할 때는 늘 셔츠에 웃옷을 챙겼다. 작년에 만난 영국인 노부부도 아버지를 떠올리게 했는데, 지구 다른 편에 사는 노인들이 닮아 있어서 신기했다.

그가 웃음을 머금은 목소리로 자신을 소개했다. "86세가 아니라 두 번째로 맞는 43세이다."라면서 "85세에 첫 책을 쓴 후, 두 번째 책을 쓰고 있다."라고 했다. "늙음은 생각조차 하지 않는다."라고 했고, "나이 드는 것은 성숙해지는 것이다."라고도 했다. "올드패션은 구식이나 낡은 것이 아니라

진짜(genuine)다."라면서 한쪽 눈을 찡긋했다. 내가 그를 만나고 싶었던 이유가 '그 나이에 첫 책을 쓴 사람'이었는데, 그가 잊히지 않는 이유는 '무지개가 연상되는 그의 양말'이었다.

20여 년 전, 미셸은 내가 처음 만났을 때부터 노인 돌보는 일을 했다. 최근에는 밥 할아버지의 부인을 돌보았는데 얼마 전에 돌아가셨다. 말하자면, 서로 존중하는 동등한 관계로 노인을 돌보는 사람이 노인을 집으로 초대한 것이었다. 벌어진 나이 차이뿐만 아니라, 일의 관계를 생각해 봐도 우리나라에서는 쉽지 않은 일 같았다. 다음에는 식당에서 함께 점심을 먹기로 했는지 그는 수첩을 꺼내 날짜를 확인했다.

그는 손녀에게서 컬러풀한 양말을 선물로 받은 후, 서랍 속의 양말들을 들여다보았다고 했다. 검은색, 회색, 감색의 양말들이 마치 재미없게 산 지난날 같아서 그때부터는 컬러풀한 양말만 신기로 마음먹었다고 했다. 이제 사람들은 그를 만나면 그의 양말부터 쳐다보므로, 양말은 그의 트레이드마크가 되었다.

그는 이어서 "궁금해서 내게 말을 걸어오는 사람과 이야기를 나누는 게 즐겁다."라고 했다. "아프고 힘들다는 말만 하는 노인은 피하고, 밝고 긍정적인 말을 하는 노인은 달려가서 안부를 묻는다."라는 미셸의 말이 생각났다.

어렵게만 느껴지는 일도 하게 만드는 것이 양말인지도 모르겠다. 그 나이에 그는 남아프리카공화국까지 날아가서 자신을 돌봐 주는 간병인의 딸 결혼식에 참석하고 축하 연설까지 했다. 검은색 정장을 차려입고 화려한 형형색색 양말을 짝짝이로 신고서! 나는 소리를 내어 웃지는 않았지만, 그의 사진을 보면서 저절로 웃는 얼굴이 되었다.

재미있는 양말을 신은 밥 할아버지, 미셸, 준

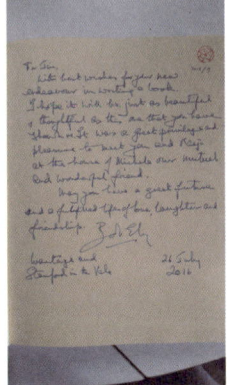
밥 할아버지가 나에게 써 준 글

그의 책 제목은 『This Strange Eventful History^(이상하고 파란만장한 역사)』이다. 주변의 권고로 썼는데, 온 가족이 함께 살았던 옛날 시골집을 궁금해하는 손자에게 들려주는 이야기라고 했다. 그만이 알고 있는 가족의 역사와 더불어, 자신의 인생 이야기라고 했다. 책을 완성하고 나니 '해야 할 일을 잘 했다.'라는 마음이 들었다고 했다. 인생은 한 편의 연극이고, 우리는 그 무대에서 여러 역을 맡은 배우라는 셰익스피어의 말도 했다. 자신의 인생에 대한 책임은 자신에게 있다고도 했다.

"내가 만난 첫 번째 영국 작가를 기념하고 싶다."라고 하면서 그에게 사인을 부탁했다. 나는 만년필로 쓴 글을 좋아해서 만년필을 들고 갔는데, 그도 '구식'을 좋아한다면서 주머니에서 만년필을 꺼냈다. '사랑, 우정, 웃음'

에 대한 글이었는데, 젊은이의 글이 아닌 어른의 글이라서, 오랜 경험에서 나온 인생의 핵심 같아서, 마음 깊이 넣어 두었다.

멋진 영국인 작가가 내게도 색색가지 양말을 권했는데, 나는 그깟 양말 색을 바꾸는 데도 용기가 필요했다. 빨간색 양말을 신으려니까 '어떻게 빨강 양말을!'로 시작해서, '어떤 옷에 어울리지?', '다른 사람은 어떻게 생각할까?'로 이어지고, '너무 멋을 부린 것 같나?', '눈에 띄어서 쑥스러울 것 같아.' 같은 자잘한 생각들이 줄을 섰다. 막상 신어 보니, '아무 일'도 일어나지 않는 '아무 일'도 아니었는데 말이다. 헤어지면서 그는 나에게 영국에서도 사라진 '손등 키스'를 해주었고, 나는 그에게 영국에는 없는 '허리를 굽힌 인사'로 답례했다.

알록달록한 양말을 파는 가게

알록달록한 양말을 신으면 나도 모르게 어린아이처럼 될 것 같다. 평소보다 장난기 섞인 말을 하고, 표정이 다양해지며, 웃음소리도 커질 것 같다. 색색의 양말을 신는 것이 나에게는 새로운 일을 해 보는 실험이자, 재미를 끌어내는 경험일지도 모르겠다. 변화를 선택하는 쪽과 경험이 풍부한 쪽이 훨씬 더 재미있다.

중요한 건 양말의 색을 바꾸는 게 아니다. 지루한 과거로부터 작별하고, 다채로운 삶을 향해 발걸음을 내딛는 거다. 익숙하고 편한 것에 안주하지 않고, 낯선 세계를 알아가는 거다. 나조차도 몰랐던 나를 여는 일이자, 새로운 나를 환영하는 일이다.

옥스퍼드 시내에서 짝짝이 양말을 신은 남자를 보았다. '양말이 그에게는 어떤 의미가 있을까?' 궁금했다. 며칠 후, 양말 가게에서 또 다른 짝짝이 양말과 마주쳤다. 이번에는 양말에 붙어 있는 글이 나에게 소리 없이 말했다. '양말 짝을 맞추면서 살기에는 인생은 너무 짧다. (Life is too short for matching socks.)'라고 가르쳐줬다. 절로 고개가 끄덕여졌고, 입이 다물어졌다. 미국에 사는 아들이 보내준 사진 속의 손자도 짝짝이 양말을 신고 있었다. "똑같은 양말은 재미없어."라며 세 살짜리가 짝짝이 양말을 신었단다. 허 참!

앞을 바라보며
미래를 상상한 나라

    내가 아는 도시는 서울밖에 없었다. 서울을 떠나서 가 본 적도 없는 대구로 시집가서 대구에서 살고 있다. 이따금 서울에 가지만, 이제 서울은 내가 아는 서울이 아니다. 찾아갈 곳과 음미할 추억은 어디에도 남아 있지 않았다. 달라졌고 거대해졌고 빨라졌다. 모르는 곳과 모르는 사람이 많아졌으며, 따라갈 수도 예측할 수도 없는 도시가 되어 버렸다. 서울은 사라져버린 과거이거나 막연하고 차가운 미래 같고, 대구는 매일 마주하는 현실 같다.

    영국은 느낌이 좀 달랐다. 30년 동안이나 달라지지 않은 과거를 보고 있는데도 여전히 그대로 있는 지금이므로 현재 같았다. 의무와 책임이 따라다니지 않아서 현실 같지 않았고, 일 년 중 한 달 반만 살므로 꿈같기도 했다. 변치 않고 남아 있다는 것과 남아 있는 것에 익숙하다는 것이 마음을 편안하게 했다.

30년 전과 똑같은 아빙던 시내

영국에 처음 도착했을 때는 겨울이었다. 내가 마치 타임머신을 타고 수백 년 전의 과거로 돌아간 것 같았다. 춥고 축축한 날씨, 세월을 가늠할 수 없는 낡고 어두침침한 건물, 우중충한 옷차림, 표정 없는 사람들을 보며 암담했다. 마을 한가운데에서 양 떼를 바라볼 때는 하마터면 눈물이 날 뻔했다. 내가 받은 영국의 첫인상은 이처럼 어두웠고 암울했고 슬펐다.

같은 마을을 30년 동안이나 드나드는 동안, 양 떼는 어디론가 사라져 버렸다. 작은 샌드위치 가게는 수많은 종류가 미리 만들어져 고르기만 하면 되는 체인점이 되었다. 맛없기로 악명 높았던 영국 음식은 다른 나라의 음식을 받아들여 다양하고 맛있어졌다. 조그맣고 아늑했던 티룸은 줄어들고, 카페가 늘어났으며, 대형 마트와 아웃렛이 생겼다. 30년 동안 변한 것이 고

작 이 정도이니, 과연 영국은 변하지 않는 나라이다.

영국인은 낯선 곳에서 친구를 쉽게 사귀지 못하므로, 익숙한 곳에서 그대로 사는 것을 좋아한단다. 타고난 계급에서 신분 상승을 해봤자 행복이 될 수 없다는 걸 안다고 했다. 나고 자란 곳에서 적당한 교육을 받고 감당할 만한 직업을 가지고 어릴 적 친구들을 만나며 산다고 했다. 비슷한 배우자를 만나 자식을 낳고 살다가 죽을 때는 평생 같이한 친지들의 전송을 받으며 동네 교회 묘지에 묻힌다고 했다. 내 친구들 가족이 다 그렇게 사는 걸 보면 그 말이 정말 맞는 게다.

동네 교회 묘지

"우리 자신의 진정한 자아와 가장 잘 만날 수 있는 곳이 반드시 집은 아니다."(알렝 드 보통, 『슬픔이 주는 기쁨』)라고 했다. 비행기를 타고 몇 시간이나 날아온 나라에서, 잘 알지도 못하는 낯선 나라에서, 나는 나 자신을 돌아볼 수 있었다. 늘 변하지 않는 나라에서 나는 달라질 수 있었다. 그건 내가 생각해도 참 의외였다.

영국은 내 생각과 내 감정에 집중해서 나 자신에게 돌아오게 했다. 크고 넓은 들판은 크고 넓은 생각을 하게 했고, 조용한 곳과 새로운 곳이 조용히 새로운 생각을 하도록 했다. 익숙한 생각과 행동을 다시금 새롭게 돌아보게 했다. 바쁘지 않게 여유롭게 살게 했다. 심심하거나 지루하지 않을 정도로만 바쁘고, 혼자 지난 시간을 곱씹으며 다시 해석할 수 있을 정도로 느리게 살게 했다.

다른 사람의 눈을 통해 바라보던 나를 내려놓고 나 자신을 기억하게 했다. 수많은 관계를 의식한 생각과 삶을 떠나서 나 자신을 더 진실하도록 만들었다. 구속과 한계를 넘어 원하는 삶을 누리고 상상하게 했다. 만들어 놓은 삶의 모양과 틀과 관계에서 벗어나 바라는 모양으로 바꾸게 했다. 노인이 많은 시골에서 노인의 모습을 눈에 담고 귀에 담아 나만의 롤모델을 만들었다.

20여 년을 한결같이 일주일에 하루를 '꼬박꼬박' 내게 시간을 내어준 진심 어린 우정을 보았다. 매일의 식사, 소소한 집안일, 일상의 대화 같은 소박한 생활이야말로 진짜 삶임을 알게 되었다. 그런 평범한 일상이 실은 경이로운 것이고, 소박함 속에도 기품이 깃들 수 있으며, 어디에나 있고 누구나 가질 수 있는 것에 진정한 기쁨이 있음을 알게 했다. 올드한 것은 뻔하고 진부한 것이 아니라, 트래디셔널하고 컨템퍼러리했다. 오래 살아 지금까지 남아 있는 인생의 답이고 지혜였다. 영국이라는 낯선 세계가 은근히 가르쳐줬다. 영국은 앞을 바라보며 미래를 상상하게 했다.

가지 않았더라면
알지 못했을 것

원래 쓰던 대로 영국 이야기를 쓰려고 했다. 그런데 쓰다 보니, 이번에는 '내 이야기를 쓰면 어떨까?'라는 생각이 들었다. 영국에 갔기 때문에 달라진 지금의 내 모습에 대해서 말이다. 나는 영국에 가기 전과는 사뭇 다른 사람이 되었다. 영국을 알기 전보다 조금 더 넓어졌고, 더 나아졌고, 많이 행복해졌다.

마침내 나는 기부를 하는 사람이 되었다. 기부가 아름답다고 느끼는 사람이 되다니! 영국인에게 그렇듯, 나에게도 기부는 특별하지도 대단하지도 않은 생활 속의 일부가 되었다. 한국 친구들은 나에게 "마음먹은 것을 실천하는 게 쉽지 않은데."라고들 하는데, 걔들은 마음을 먹지 않아서 그렇다.

나는 영국에 대해 아무것도 모른 채로 갔다. 3년을 살았는데, 그 후로도 30년 넘게 매년 드나들었다. 그도록 오래도록 영국에 갈 줄은 몰랐다. 처음에는 낯설고 이상해서 '이런 데서 어떻게 살지?' 했었는데, 나중에는 갈 때마다 일 년 중 가장 큰 행복을 느꼈다. 소중한 것과 중요한 것이 달라지더니 생활도 달라졌고 삶도 변했다. 내가 원하는 행복의 모양도 알게 되었다.

영국인의 사는 방식은 전염성이 강해서 물들기가 쉽다. 적지 않은 세월 동안 갔으니, 내 삶 역시 적지 않게 변화했다. 가랑비에 옷이 젖듯이, 그들의 방식이 내 안으로 서서히 스며들었다. 나와 분리할 수 없게 되더니 내 생활의 일부로 편입되었다. 이렇게까지 되리라고는 꿈에도 몰랐다.

영국인의 삶 속에서 기부를 많이 봤다. 그들이 누군가를 돕고 누군가와 나누는 모습이 참 아름다웠다. 본받고 싶은 사람들을 많이 만나면서 그들과 닮기를 내심 소망했다. 세상에 도움이 되는 사람이 되고도 싶었다. 많이 보고 많이 느끼면 생각이 싹트는가 보다. 나는 친구들과 함께 기부를 위한 대규모 채리티숍 행사를 6년 동안 했는데, 그건 지금 생각해 봐도 잘한 일이었다.

앞으로 '무얼 하면서 살고 싶은가?'와 '어떤 사람으로 늙고 싶은가?'를 고민했다. 하루를 성실히 보내면서 다른 사람을 도울 수 있는 방식이 없을까 생각해 봤다. '하고 싶은 일'을 정하고 그 일을 마칠 때마다 항아리에 천 원을 넣기로 했다. 1시간 책 읽기, 2시간 글쓰기, 1시간 걷기, 30분 요가 하기, 30분 필사하기를 하고 나면, 항아리에 천 원짜리 지폐가 '차곡차곡' 쌓였다. 모인 돈을 몽땅 털어 이곳저곳에 기부했다. 생활 속에 기부를 끌어들인 나만의 방식이다.

어느새 수년째 하고 있는 내가 신기할 정도였다. '하고 싶은 일'을 '하고 싶을 때'에 하는 것의 힘은 생각보다 컸다. 할 수 있는 만큼 하는 것만으로도 충분했다. 하루가 내 통제 안에 들어온 느낌이 들었고, 꾸준히 하는 내가 대견해지기까지 했다. 성실한 생활인으로 사는 일이 다른 사람을 돕는 일도 되었으므로, 하루를 잘 산 것 같기도 했다. 최근에는 그렇게 모은 돈을 우크라이나 대사관에 기부했다.

지역 공동체를 위해 기증한 음식

마을 광장에서 수시로 열리는 자선 행사

'나눌 때야말로 진짜 행복이다.(Happiness is real when shared.)'라는 말도 내 마음을 건드렸을 거다. 영국에 가지 않았더라면 아마 영원히 알지 못했을 거다. 알지 못했더라면 나는 결코 달라지지 못했을 거다. 우리가 알게 모르게 누군가로부터 수없이 많은 도움을 받으며 살고 있다는 생각을 지울 수가 없었다. 그저 소소한 친절을 행하는 것뿐이지만, 누군가를 돕는 일은 애써 해야 한다고 믿게 되었다. 이제라도 하면 좋은 일이라는 확신까지 들었다.

"내가 세상에 태어나서 누군가에게 좋은 일을 할 수 있는 기회를 놓칠 수는 없지 않은가?"(권석하, 『영국인 재발견 2』)라고 했다. 이것이야말로 인생의 아름다움이자, 궁극의 멋이 아닐까? 나에게로 전염되어 내 머리로 옮아간 것을 이제 몸으로 행하려고 한다. 나는 뒤로 되돌아갈 수가 없다. 알게 된 것을 모른 체하고 예전처럼 살 수가 없다. 필요한 것은 다 가지고 있는 나이가 되었고, 세상에는 여전히 힘쓸 곳이 많이 남아 있다는 것을 잘 안다.

 기부는 나이 들어가는 사람들이 힘쓰기에 딱 좋은 일이다. 기부를 내 곁에 나란히 놓아두기로 했다. 결국, 나는 되고 싶은 사람이 되었다. 닮고 싶은 사람이 되는 일이 어디 쉬운가? 상상하던 일과 맞춰진다는 것은 몹시 기분 좋은 일이다.

가지고 있는 것을 주는 일

 귀에 못이 박히도록 들었던 익숙한 말이 늘 타당한 것은 아니다. 입에 달고 살았던 말도 언제나 옳은 것은 아니다. "모든 침묵을 다 금으로 대접하면 무지가 세상을 지배하게 될 것이다."(유시민, 『유시민의 글쓰기 특강』)라고 했다. "부부는 이심이체라고 결론 내리는 순간, 신기할 정도로 부부 싸움의 횟수가 줄었다."(임재양, 『의사의 말 한마디』)라고 했다. 이제 침묵은 금이 아니고, 부부는 일심동체가 아니다.

 나이가 들어가면서 만남이 줄어들더라도 누군가와의 만남과 소통은 필요했다. 일은 하지 않더라도 의미 있는 시간은 갖고 싶었다. "이제는 정말 공부해서 남을 줘야 하는 시대입니다. 지금 우리 사회의 청년들이 더 힘든 것은 공부를 많이 한 사람들의 철학이 빈곤하기 때문입니다."(한동일, 『라틴어 수업』)라고 했다.

 오랫동안 익숙했던 말과 굳게 믿어 왔던 말도 의심해 봐야 한다. 여태 "공부해서 남 주나?"라는 말을 듣고 살았는데, 이제는 공부한 것을 남에게 주기로 했다. 쪼그라들고 낡아서 결국은 사라져버릴 '내가 공부한 것'을 아까워하지 않기로 했다. 대학원에서 공부했고, 미국과 영국에서 살았고, 매년 영국을 오가며 배운 게 있으니, 남에게 줄 것이 있으리라 생각했다. 내가 아는 만큼의 영어를 쓸모 있게 만들기로 했다.

"이 나이에 무슨 공부?", "돌아서면 금방 잊어버리는데 뭐 하려고?"라고 말하는 대신, "이렇게 좋은 기회가!"라고 말하는 사람에게 가르쳐주는 거다. 수업료를 받지 않고 가르쳐 준다고 하면 좋아할 사람이 있을 거다. 그런 사람과는 삶을 바라보는 태도가 비슷해서 만나면 즐거울 거다. 늘 표면에서 겉도는 관계가 지루했는데, 서로의 관심사를 나누면 대화가 흥미로울 것 같다. 나처럼 친구가 많지 않은 사람에게는 지금 내 곁에 있는 사람이 소중하다. 서로를 더 많이 알게 되고 친밀해져서 오래도록 함께하고 싶은 사람이 될 거다.

내가 아는 영어는 배움의 장소가 따로 없이 살면서 배운 게 더 많다. 책에서 배운 것도 있지만, 영국 친구와 이야기를 하면서, 텔레비전과 영화를 보면서, 그야말로 생활하면서 배운 게 많다. 여태 배운 것을 죄다 끌어다가 '누군가 내게 이렇게 가르쳐 주면 좋을 거 같아.'라는 방식으로 가르쳐주는 거다. 하고 싶다는 두 사람이 각각 매주 두 시간씩 공부하는데, 부담스럽지 않을 만큼 자유롭게 항아리에 돈을 넣기로 했다. 그리고 돈이 모이면 기부하기로 했다.

회화책보다 생활 언어가 더 다양하게 등장하는 소설책을 읽으면서 단어의 여러 가지 쓰임을 공부했다. 중간중간 서로의 근황을 주고받거나, 내가 알고 있는 영국의 문화와 내가 겪은 영국에서의 경험을 섞어서 이야기하는데, 시간이 금방 지나갔다. 도중에 생각나는 게 있으면 옆길로 빠져서 다른 단어를 공부하거나, 꼬리에 꼬리를 물고 이어지는 다른 표현을 공부하기도 했다. 이런 즉흥성이 나는 꽤 즐거웠다. 배우는 사람이 "공부가 재밌다."라고 말해주면 '맞아. 공부는 재미있으면 되는 거야.'라며 마음이 차올랐다. "고맙다."라고 말해주면 은근 뿌듯했다.

해 보고 싶다고 생각한 일을 가벼운 느낌으로 시작했다. 즐거우면 계속하고 상상했던 것과 다르면 수정하면 된다고 생각했다. 손 놓고 있었던 영어를 다시 집어 들고, 예전에 기록해 놓은 노트를 꺼냈다. 여럿이 모여 함께하는 일은 쉽지가 않고, 많이 모아서 크게 돕는 일은 힘이 드는데, 가지고 있는 것을 주는 일은 어렵지가 않았다. '그동안 무얼 하고 살았던가?', '여태 해 놓은 게 아무것도 없네.' 하던 공허한 마음이 슬며시 채워지는 것도 같았다. 긴장감 없이 느슨했던 일상이 좀 탄탄해지는 것도 같았다.

자신의 생활 활동을 통해 기부하는 일은 내 생각이 아니다. 영국인에게는 이미 일상화되어 있는 일이고, 우리나라 유명인들도 많이 실천하고 있다. 남을 위한 일과 나를 위한 일이 다르지 않다. 지금까지 하지 않았던 일을 하면서 전에는 묻지 않았던 질문을 하게 된다. 줄 수 있는 것을 주지 않으면서 사는 건 아닌지?

4부

늙어서도 삶을 즐기는 영국의 노인들

나이 얘기를
하지 않는다

돌아가신 스텔라의 고모가 93세였을 때 새 차를 샀단다. '반짝반짝' 빛나는 새로 만든 차가 아니라, 타던 차보다 더 나은 중고차를 새로 샀다는 말이다. 아무리 그래도 그렇지, 그 나이에! 그는 또 "계속하려면 계속해야 한다.(You have to keep going to keep going.)"라는 말도 했단다.

운전을 좋아하던 그는 늙었다는 이유만으로 고속도로의 운전을 포기하지 않았다고 했다. 아픈 노인들을 자신의 차에 태워 병원과 미용실에 다니며 그들의 발 노릇을 했고, 그 공로로 여왕으로부터 훈장까지 받았다고 했다. 그의 선행을 알리려는 신문기자와의 만남은 거부했는데, 나이가 알려지면 아무도 자신의 차를 타지 않을 것이기 때문이라고 했다.

이어서 스텔라는 "한 번 멈추면 다시 시작하기 어렵다. 무엇이든 그만두지 말고 계속해라."라고 말했다. 그리고 "은퇴하면 여행을 갈 거라고, 시간이 나면 이걸 하고 저걸 할 거라고 말하는 사람들은 여행도 못 가고 하겠다는 것도 못한다. 지금 해야 할 수 있고, 지금 하지 않으면 못한다. 하던 일은 나이가 들어서도 할 수 있지만, 나이가 들면 하지 않던 일을 새로 시작

4부 늙어서도 삶을 즐기는 영국의 노인들

하기는 어렵다."라고도 말했다.

스텔라는 나에게 영국을 보여 주고 영국을 말해 줬다. 70세면 한국에서는 노인 같은데, 영국에서는 도무지 노인 같지가 않았다. 단발머리에 짧고 화려한 민소매 원피스를 입은 모습이 그렇고, 두 시간 이상의 운전도 마다하지 않는 에너지도 그랬다. 궁금한 걸 죄다 물어보는 나에게 "네 질문 덕분에 생각해보지 않은 것을 생각하게 되어서 좋다."라고 했다. "여기저기 너를 데리고 간 덕분에 가지 않았더라면 미처 몰랐을 곳을 갈 수 있어서 좋다."라고도 했다. 나는 영국의 아름다운 전원을 감상하는 것도 좋았지만, 뻔하지 않은 다른 삶을 알게 되어서 참 좋았다.

'늙어 가면서도 재미있게 노는 걸 멈추면 안 된다. 재미있게 노는 걸 멈출 때야말로 늙어가는 거다. (You don't stop having fun when you get old. You get old when you stop having fun!)' 영국에서는 노는 것도 멈추지 말라고 했다.

영국인은 남의 나라의 월드컵 결승전 날, 바비큐 파티를 열어 마치 제 나라의 경기인 양 즐겼다. 스텔라는 노란색 카디건과 빨간색 미니스커트를 입고, 빨간색 가발까지 썼다. 독일과 아르헨티나의 국기 색깔로 정원을 장식하고, 두 나라의 소시지와 맥주를 준비하고, 테이블 위에는 축구공이 그려진 냅킨을 깔았다. 다 함께 웃고, 소리 지르고, 떠들고, 먹고, 마셨다.

하워드는 "스테이크는 어떻게 구워 줄까?"라며 일일이 묻더니만, "결국은 다 똑같다."라면서 모두를 웃게 했다. 경기가 끝난 후에는 축구공처럼

월드컵 결승전 날의 바비큐 상차림

생긴 축구공 크기의 초콜릿에 '독일 1 대 0'이라고 써서 승리를 축하했다. 나에게는 가장 멀리서 온 손님이라며 트로피까지 줬다.

그들에게는 파티를 여는 이유가 '내게 영감을 줄 사람을 소개하는 것'도 되었다. 깊게 파인 푸른색 원피스를 입은 여인이 86세라서 놀랐는데, 지금도 풀타임으로 일하는 미용사라서 또 놀랐다. 잘 나이 드는 비결을 묻는 나에게 "나이를 광고하지 않는다.(I don't advertise my age.)"라면서 나이는 말할 필요가 없다고 했다. 늘 하던 일을 계속하고, 늘 관심을 잃지 말라고 가르쳐줬다.

긴 금발에 어깨가 드러난 티셔츠를 입은 여인도 나이를 짐작할 수 없기는 마찬가지였다. 68세에 새로운 사업을 시작한 것도 놀라운데, 휠체어에 앉아 있는 남편뿐만 아니라 100여 마리의 동물들까지 돌본다는 말에는 입이 '떠억~' 벌어졌다.

스텔라가 자주 만나는 할머니 역시 경이로웠다. 90세 여인이 "늙어서도 몸이 건강해야 하고 싶은 것을 할 수 있다."라는 말을 뒤엎었다. "몸보다 중요한 것은 정신이다."라며 '애티튜드'를 강조했다. 따라나선 단체 나들이에서 모두가 긴 산책을 하는 동안, 혼자 버스에 남아 있는 '피해자 신세'를 마다하고 자기만의 계획을 만들어 근사한 시간을 보냈다고 했다. 툭히면 '나이'를 끄집어내고 '건강이 제일'이란 말만 떠올리던 나는 그들의 말이 마음에 '쏙~' 들었다.

한국에서는 머릿속에 '나이'부터 떠올랐고, 늘 '나이에 맞게'와 '이 나이에'라는 소리를 들으며 살았는데, 영국에서는 도대체 나이 얘기를 꺼낼 수가 없었다. 나이 얘기를 아예 하지도 않았으므로, 나이가 전혀 중요하지 않은 거였다. 나이 든 사람을 만나도 젊은 사람을 만날 때와 다르지 않았다. 그들은 어른 대접을 받으려 하지도 않았으므로, 나는 어른이 움직일 때마다 '발딱발딱' 일어나지 않아도 되었다. 내가 살아보지 않은 세상 이야기라서 흥미로웠다. 나이가 필요 없는 세상은 훨씬 더 크고 더 넓은 것 같았다.

지금 하는 일이 생각보다 더 중요할지도 모른다. 매일 하는 일이 그냥 아무것도 아닌 게 아닐지도 모른다. 무언가를 자발적으로 계속한다는 것은 나만의 생활 방식을 만드는 일이다. 버킷리스트를 만들어 그토록 원했던 것을 실천하는 것도 좋지만, 마음속으로 귀중하게 여기는 일을 계속하는 것도 중요하다. 어쩌면 노화는 나이보다 의지의 문제에 더 가까울지도 모른다.

친절을 삶의 목표로 삼아라

 이제는 좀 더 친절해지고 싶어진다. '어떻게 나이 들 것인가?' 같은 어렵고 거창한 고민을 할 게 아니라, 무슨 일이든 친절하게 하는 거다. 할 수 있는 작은 친절로부터 '차츰차츰' 큰 친절로 나아가는 거다. 친절의 수준을 높이면 삶의 수준도 높아지면서 모든 게 달라질 거다. 마침내 좋은 삶이 될 것 같다.

 곳곳에서 영국인의 친절을 봤다. 버스 기사가 버스를 정류장 도로에 '바짝' 붙여서 세웠다. 인도의 높이와 버스 문의 높이가 같아서 그렇게 하면 도로와 문 사이에 틈이 없어지기 때문이었다. 승객이 타고 내리면서 다칠 염려를 없애기 위해서였다. 영국에서는 버스표를 버스 기사에게서 사는데, 버스표를 팔 때 기사는 버스의 시동을 완전히 껐다. 승객이 물어보는 말에 일일이 대답하면서 서두르시 않고 거스름돈을 내어줬다.

 영국인은 운전할 때도 친절했다. 좀처럼 경적을 울리지 않으며 양보를 잘했다. 좁은 골목에서 다른 차와 마주치면 라이트를 번쩍거리는데, 똑같은 신호가 한국에서는 '내가 먼저 갈 테니 기다리라.'인데, 영국에서는 '내가 기다릴 테니 먼저 가라.'인 것이 달랐다. 그들은 다른 차가 내 차 앞으로 끼어들 때도 잘 비켜 줬다. 심지어 뒤차를 내 차로 막고 서서 끼어들려는 차에게 어서 들어오라고 손짓을 보내기도 했다. 끼어드는 차의 운전자는 고맙다고 손을 흔들었고, 길을 막으며 기다렸던 차의 운전자도 손을 들어 답례했다.

런던에서 돌아오는 길이었다. 비가 '부슬부슬' 오는 저녁이라 춥고 축축해서 얼른 집에 가고 싶었다. 내가 타고 있는 버스가 정류장마다 들러서 승객을 태우는 중이었는데, "먼저 타시지요."라는 목소리에 나는 의아해서 뒤를 돌아봤다. 자기 차례가 된 남자가 하나밖에 남지 않은 자리를 한 여인에게 내어줬다. 궂은 날씨에 먼 거리를 가야 하는데도 불구하고 자기 자리를 양보했다. 그 순간, 내 머릿속에는 '신사'가 떠올랐다.

스텔라는 골목을 함께 공유하는 이웃들과 독서 클럽을 한다. 어린아이가 있는 젊은 부부로부터 나이가 많은 스텔라 부부까지 이따금 모여서 책 이야기를 한단다. 함께 좁은 골목의 주차 문제를 의논하고, 휴가 때 서로의 빈집을 봐주고, 우편물을 받아 주고, 바비큐도 한단다. 영국에서는 화재가 발생하면 소방관의 아이들을 돌봐 주는 시스템이 있다고 했다. 학교가 끝나면 선생님과 부모들이 소방관의 아이들을 데리고 가서 돌봐 준다는 거였다. 우리나라를 생각하면 어쩐지 각자도생이란 말이 떠오르는데, 그런 이야기를 들으면 뭔가 흐뭇해지면서 부러웠다.

"사람이 하는 일엔 항상 그 사람의 성격이 드러나기 마련이다. 글도 그렇고, 운전도 그렇고, 요리도 그렇고."(황현산, 『내가 모르는 것이 참 많다』)라고 했다. 가족과 친구들에게는 나도 친절하게 하려고 노력한다. 기다려 줄 수도 있고 이해해줄 수도 있다. 어떤 때는 수고를 마다하지 않을 수도 있고, 짜증과 화를 참을 수도 있다. 내가 잘 모르는 사람들에게는 '별로'이고 '글쎄'이다. 그러면서도 내가 여태 친절한 사람이라고 믿으며 살아온 것은 아닌지 모르겠다. 속이 뜨끔거렸다.

"더 친절하려고 노력하는 것을 삶의 목표로 삼아도 나쁘지 않을 것"(조지 손더스, 『친절에 대하여』)이라고 했다. 쉬운 것 같아도 친절하게 행동하는 것은 정말 어렵다고 했다. 서두르라고, 속도를 내라고, 지금 당장 시작하라고도 했다. 내가 친절을 너무 아끼면서 살았는지도 모르겠다. 그의 말을 믿고 친절을 삶의 목표로 삼아 보면 어떨까? 내가 모르는 사람들에게도 조금만 더 친절하도록 노력하면 어떨까? 누구에게든 내가 먼저 친절하게 대하면 어떨까?

친절은 내가 커지는 일이고, 내 삶이 커지는 일이다. 친절은 '누군가 내게 해주면 좋을 것 같은 일'을 해주는 일이다. 바쁘다고 소홀하게 대하지 않으며, 자신보다 상대를 더 생각하는 일이다. 이어달리기가 바통으로 이어지듯, 우리의 친절이 줄줄이 이어지면 좋을 것 같다. 신기한 마법처럼, 친절이 꼬리에 꼬리를 무는 일이 일어나면 좋겠다. 나이가 들면 무언가 달라지는 게 있어야 하지 않겠나?

불평을 세지 말고
축복을 세어라

영국에서는 내가 궁금한 세상을 만날 수 있었다. 내가 미처 경험하지 못한 세상을 볼 수도 있었다. "나이는 말할 필요가 없다."라고 말하는 노인과의 대화는 지루하지 않았고, 그런 열정이 있고 용감한 노인의 모습은 감탄스러웠다. 노인의 평범한 일상이 내 상상을 뛰어넘어 눈이 '번쩍' 뜨이기도 했다. '나이가 들어서도 성장할 수 있다.'라는 믿음과 '주름이 있어도 아름다울 수 있다.'라는 확신이 생길 정도였다.

78세의 할머니가 아직도 민박집을 운영했다. 전 세계 사람들이 집으로 찾아오는 덕분에 그는 다른 세상의 이야기를 편히 앉아서 들었다. 나는 일주일에 한 번씩 그를 찾아갔는데, 접시에 비스킷을 담아 놓고 티포트에 홍차를 우려 놓고 나를 맞았다. 나를 위한 준비가 간단해서 부담이 없었다. 어른 앞이라고 어려워하지 않아도 되고, 어른 말씀이라고 듣기만 하는 게 아니라서 편안했다. 어른을 만나서 제일 좋은 것은 뭐니 뭐니 해도 연륜과 지혜가 묻어난 깨달음을 얻어 오는 게 아닌가?

영국의 할아버지가 옥스퍼드대학의 캠퍼스를 안내하기도 했다. 은퇴 후에 새로 이사 온 도시에서 역사를 공부해 가이드 시험까지 봤는데, 시험 발표 전에 공부한 것을 지인들에게 나눠 준다는 거였다. 친구 하나 없는 곳으로 와서 그렇게 '할 일'을 만들었고, 그렇게 '친구'를 만들었다. 그를 따라 좁은 골목골목을 누비면서 건물마다 얽힌 유구한 스토리를 들었다.

"가까이 살면서도 처음 알았다."라고 말하는 사람에게 그는 "나도 두 달 전엔 몰랐다."라고 했다. 그의 대답이 내 귀에 남았다. '이제라도 알고 산다는 것'을 생각하면서 놓칠세라 맨 앞에서 귀를 '쫑긋' 세웠다.

영국에 갈 때마다 나는 노인들의 모습을 유심히 지켜봤다. 노부부가 손을 잡고 공원을 산책하고, 할아버지가 장바구니를 들고 장을 보러 갔다. 젊은 아들과 함께 왔는데도 늙은 아버지가 퍼브의 계산대에 서서 직접 주문하고 손수 음료수를 날랐다. 미술관에 가면 노인들이 가득해서 놀랐다. 작품의 사진을 찍고 메모를 하고, 이젤을 펴놓고 그림을 그리고, 휠체어를 타고 다니며 작품을 감상했다.

그들은 늙음을 한탄하면서 걱정해 봤자 좋아지는 건 아무것도 없다는 것을 이미 알고 있는 게 분명했다. 90세 노인이 "못한다고 생각하는 것이지 정말로 못하는 것은 아니다."라며 수영장에 다녔다. 103세 노인이 슈퍼 가는 길에 옆집에 들러서 "뭐 사다 줄 거 없느냐?"라고 물었다. "여기도 아프고 저기도 아프다."라고 말하는 노인 환자에게 의사는 "불평을 세지 말고 축복을 세어라."라고 처방했다.

미술관에서 그림을 그리는 노인

옥스퍼드대학 캠퍼스를 안내하는 노인

영국인은 자조 정신이 강해서 노인이 되어도 절대 자식과 함께 살지 않는다고 한다. 양로원을 부정적으로 생각하지 않기에 은퇴하면 정부 연금으로 살고, 거동이 힘들어지면 양로원에 가는 것을 자연스럽게 받아들인다고 한다. '브라보! 아직 살아 있네요! 생일 축하!(Bravo! You're still alive! Happy birthday!)'라며 삶을 축하하고, '늙어서 좋은 건 친구들끼리 비밀을 털어놓아도 안전하다는 거다. 기억을 못하니까.(The good thing about getting older is your secrets are safe with your friends... as they can't remember them either!)'라면서 늙음을 웃어넘긴다.

내 앞의 삶이 막막한 것은 멋진 노인들을 보지 못했기 때문이 아닐까? 웃지도 않으면서 인상 좋은 노인이 되기를 원하고, 나누지도 않으면서 넉넉한 노인이 되기를 원하는 게 아닐까? 우아하게 살지도 않으면서 우아하게 나이 들고 싶어 하는 건 아닌지 모르겠다. 인생은 사는 대로 되는 거다. 원하는 삶을 살아야 원하는 인생을 얻을 수 있다. 지금보다 더 나은 사람이 되고자 노력하면서 매일매일 조금씩 그렇게 사는 거다.

어떻게 입는가는 언제나 중요한 문제

고백하건대, 나는 아직도 새 옷을 산다. 출근할 일도 없고, 약속도 별반 없는데, 게다가 이렇게 나이가 들었는데도 여전히 옷에 열광한다. 분별 있게 살기로 다짐까지 했는데도 옷 앞에서는 분별이 무너진다. 늙어가는데 옷에 신경 쓸 필요가 있을까? 굳이 새 옷을 살 필요가 있을까? 도대체 나는 왜 그러는 걸까?

늙을 줄은 알았지만, 내 몸이 이렇게 무너지리라는 예상은 하지 못했다. 가뜩이나 키도 작은데, 늘어난 체중으로 펑퍼짐해진 몸매는 내 앞에 나타난 새로운 현실이자 내 생애에 최악의 조건이었다. 이제는 젊고 예쁘게 보일 수 없다는 걸 인정했다. 대신, 이왕이면 멋지게 늙기로 했다.

멋진 노인들을 많이 보았기 때문인지도 모르겠다. 텔레비전에서 부커상을 받은 영국인 작가를 보았다. 어머나! 푸른색 셔츠에 연한 회색 양복을 입은 노신사가 알록달록한 빨간 양말을 신고 있었다. 묵직함과 진지함 뒤에 감춰진 자유와 여유가 멋있어서 나는 그를 '졸졸' 따라가고 싶었다.

나이 지긋한 멋쟁이 영국 여인들도 보았다. 녹특한 액세서리와 함께 과감한 디자인의 옷을 입고 일하는 모습이 무척 매력적이어서 자꾸만 눈이 갔다. 자신의 나이에 대해 너무나도 편안해하는 모습이 당당해 보였고, 두꺼워진 허리와 '불뚝' 튀어나온 팔뚝에도 아랑곳없이 적극적으로 패션을 즐기는 모습이 보기 좋았다. 나는 할 수만 있다면 그들과 같은 반열에 오르고 싶었다.

옷은 매우 적극적이고 구체적인 자기표현이다. 옷에는 착용한 사람의 취향과 성향이 드러날 뿐만 아니라, 그가 무엇을 열망하는지와 무엇을 추구하는지도 반영된다. 집이 어떻게 사는지를 보여 주듯이, 글이 어떤 사람인지를 말해주듯이, 옷도 보여 주고 말해준다. 옷으로도 그 사람에 대해 어느 정도 추론할 수 있다.

"패션은 언제나 젊음과 새로움에 어느 정도 연관이 있다. 앞으로 나아가기 위해서는 기존의 것에 도전해야 하기 때문이다."(알렉산드라 슈먼, 『옷의 말들』)라고 했다. 나에게는 새 옷이 새로운 가능성을 제시해 주는 것 같았다. 새 옷이 원하는 삶으로 인도해 줄 것 같았다.

"신경 쓰지 말렴, 아가. 아무도 너를 쳐다보지 않는단다."라는 말은 〈보그〉의 전설적인 편집장 알렉산드라 슈먼 자신과 그의 어머니와 여동생이 옷을 차려입을 때마다 서로에게 말하는 일종의 가족 농담이라고 했다. 어떻게 입는가는 언제나 중요한 문제이므로 그 말이 농담이라는 거였다.

한 번도 입어 본 적이 없는 '보일러 슈트(boiler suit)'를 샀다. 칠십이 넘은 이탈리아 디자이너가 입는다는 말에 나는 그 옷을 입은 디자이너의 멋진 삶을 떠올렸다. 일체형 옷이라서 키가 작은 나에게 어울릴 리 없다는 걸 잘 알고 있었는데도 말이다. 화장실에 갈 때마다 단추들을 죄다 풀고 다시 채워야 해서 몹시 불편하다는 걸 잘 알고 있었는데도 말이다. 어째서 나는 그런 옷을 '덜커덕' 입기로 마음먹은 것일까?

'멋'은 여전히 나에게 흥미로운 단어이다. 이제는 멋진 옷 앞에서 주춤하고 싶지 않았다. 멋진 모습을 기다리고 싶지도 않았고, 미루고 싶지도 않았다. 전에는 입을 생각도 못했던 옷, 젊고 날씬했던 때도 입지 않았던 옷, 어울릴까 망설였던 옷도 이제는 입고 싶었다. 멋진 옷을 입고 삶을 적극적으로 즐기고 신나게 경험하고 싶었다.

젊음을 아쉬워할 게 아니라 노후를 멋지게 맞이하고 싶은 거다. 늙고 난 뒤에도 멋이 있을 거다. 아름답게 빛나는 멋, 깊고 은은한 멋, 유행을 따르지 않는 자신만의 멋, 그래서 젊음은 감히 쫓아올 수 없는 멋이 분명 있을 거다. 내가 아직도 멋에 소홀할 수 없는 이유이다. 종국에는 멋지게 입을 필요가 없는 사람이 되면 좋겠다. 나 자체로 빛나고, 내 모습 그대로 멋있는 사람이 되면 좋겠다. 그때가 되면 새 옷을 사지 않아도 되지 않을까?

중요한 사람이라는 의미

영국에는 삶에 대해 사색하게 하는 무언가가 있다. 눈에 띄지 않는 방식으로 다가와 나도 모르게 숙연해지게 만드는 무언가가 있다. 때로는 그 무언가가 내가 만난 멋진 사람이기도 하고, 때로는 우연히 마주친 멋진 문장이기도 하다. 내가 산 카드에는 우아하게 나이 든 여인이 서 있고, 곁에 '여자는 늙지 않는다. 더 중요해질 뿐이다.(Women don't grow old. They just become more important.)'라고 적혀 있다. 우아하게 나이 들면 좋겠다고 바랐지만, 글쎄, 중요해진다는 건 뭘까?

영국에 가면 '꼬박꼬박' 제시 할머니를 찾아갔다. 팔십이 다 된 노인이 자신의 지난 삶을 들려주었는데, 인생의 대선배가 하는 이야기라서 귀에 '차곡차곡' 담아 놓았다. 가장 큰 보람은 장애인들과 함께한 일이라고 했다. 그들이 훈련을 마치고 뭔가를 할 수 있게 되면 정말 멋진 기분이 든다고 했다. 그들은 열린 마음과 뛰어난 유머 감각을 지닌, 우리와는 다른 재능을 가진 사람들이라고 했다. 버스를 타러 가는데 한 지적장애인이 다가와서 가방을 들어주었을 때, 그는 자신이 "무척 중요하게(so important) 느껴졌다."라고 했다.

하워드는 사무실에서 일하는 것을 그만두고, 장애인 서포터로 일한다. 먹이고 입히며 돌보는 간병인(carer)과 달리, 장보기나 세탁 같은 일상생활을 스스로 하도록 지도해 주는 일이다. 칠십이 넘은 그에게 은퇴를 생각하면서도 아직도 그 일을 하는 이유를 물었다. 그가 휴가를 다녀왔을 때, 직장에 있던 동료들은 늘 하던 대로 상투적인 인사를 건네고는 곧바로 자리로 돌아가 일을 했는데, 장애인들은 좀 다르다고 했다. 그들은 환한 미소로 반겼고, 두 팔을 벌려 끌어안으며 보고 싶었다고 말했으며, 직접 구운 케이크와 과자를 주었다고 했다. 그들에게는 진심이 느껴졌다고 했다. 이제는 사람을 위해서 일하겠다고 했다.

스텔라가 옥스퍼드를 방문한 빌 브라이슨을 만났다고 했다. 그의 책을 읽고 그의 박식함에 감탄하며 그의 유머에 '낄낄낄' 웃었던 게 생각나서 나는 그가 몹시 궁금했다. 그는 홍보 여행을 다니기에 영국은 더없이 좋은 나라라고 하면서, "독자들은 대단히 지적이고 안목이 높은 데다가 엄청나게 잘생기고 책을 구매하는 데 인색하지 않다."(빌 브라이슨, 『발칙한 미국학』)라고 했다. 영국을 사랑하는 미국인 작가를 만나기 위해 많은 사람이 줄을 섰다. 도무지 줄어들지 않는 줄을 한 시간이 넘도록 기다린 끝에야 드디어 스텔라의 차례가 되었다. 그를 만나자마자 스텔라는 자신을 그토록 오래 기다리게 한 이유를 단박에 알았다고 했다. 시간 낭비일 것 같아서 포기하려고 했던 오랜 기다림이 하나도 아깝지 않았다고 했다.

사람들을 마주할 때마다 빌 브라이슨은 일일이 의자에서 일어나 악수를 했고, 관심을 담아 이야기를 주고받았다고 했다. 친구에게 책을 선물하고 싶다고 하니까, 그가 누구이며 어떤 사람인지 묻고, 글과 함께 사인을 해줬다고 했다. 그와 마주한 그 순간, 스텔라는 자신이 '가장 중요한 사람(the most important person)'이 된 것 같았다고 했다.

여태 듣고 담아 놓았던 말들을 찬찬히 되짚어봤다. 모두가 '내가 중요해지는 순간'을 말했다. 나에게 따뜻한 배려와 친절을 베푼 사람을 떠올렸다. 미소와 포옹으로 반가움을 표현하고, 정성이 깃든 선물을 건네준 사람을 기억했다. 내 말에 귀를 기울여 주고, 나를 정중하게 대해 준 사람을 잊지 않았다.

"고맙다고 말하고, 누군가를 위해 돈과 마음을 들여 선물하고, 주변에 작은 배려와 친절을 베풀고, 힘들어하는 사람을 위해 마음을 쓰면, 우리 삶에는 품격과 향기가 따라온다."(이숙영, 『92세 아버지의 행복 심리학』)라고 했다. 작가의 아버지가 작가에게 한 말이자, 92세 노인이 말하는 '품격 있는 삶을 위한 실행 방식'이 '나를 중요한 존재로 느끼게 하는 것'과 닮아서 신기했다.

바라보는 시선이 내가 아니라 상대를 향해 있는 게 똑같았다. 나보다는 상대를 더 중요한 존재로 대하는 게 다르지 않았다. 마음과 태도 모두 상대를 존중하고 있었다. 존중해야 존중받을 수 있고, 존중받아야 중요해질 수 있었다. 나는 그렇게 이해했고, 그건 내가 늙어서도 되고 싶은 바로 그런 사람이었다.

사람이 들락날락하는 집

하늘이 싱그럽게 파랬던 날, 흐드러지게 핀 벚꽃을 만났다. '살랑살랑' 마음이 흔들리고, '솔솔' 생기가 몸속으로 들어오면서, '불끈불끈' 에너지가 솟았다. 봄이 나에게 왔노라고 알려주는 거였다. 이럴 때는 봄의 기운을 두 손 벌려 반겨야 한다. 그럴 수 있는 것에 감사하면서 축하해야 한다. 축하는 누가 뭐래도 함께해야 제맛이 아닌가?

친구들에게 '봄맞이'를 하자고 제안했다. 점심을 먹자고 집으로 초대했는데, 나의 설레는 마음이 무색하게도 금세 없던 일이 되었다. 누군가가 '일하느라고', '바빠서', '다른 약속이 있어서'라고 말했더라면 차라리 나았을 텐데, 단톡방이 너무 고요해서 민망했다. 식당에서 만나자고 했을 때는 그렇지 않았다. 매일 카톡을 주고받는 다정한 사람들인데도 이번에는 말이 없었다.

영국 텔레비전에서 본 100세 할머니가 떠올랐다. 휠체어에 앉아서도 밝은 표정의 웃는 얼굴이 예뻤다. 모든 일에 흥미를 느끼고, 작은 일에도 마치 아이처럼 들뜨며, 연신 "원더풀!" 하며 감탄을 아끼지 않은 모습이 인상

적이었다. BBC 방송에서는 분명히 그런 면모를 소개하려고 그를 인터뷰했을 거였다. 인생을 행복하게 산 어른으로부터 '우리가 행복해질 수 있는 법'을 알려주는 거라고 생각했다.

영국인은 친구를 집으로 불렀고, 모임도 집에서 했다. 유독 프라이버시가 중요한 사람들인데도, 집은 자신의 모든 것이 드러나는 개인적인 공간인데도, 친구들과 공유하는 데에는 기꺼이 마음을 냈다. 그런 모습을 보면서 좋아하는 사람들과 맛있는 차를 즐기고, 마음이 충족되는 식사를 하며, 기분 좋은 시간을 보내는 것이야말로 중요한 삶이란 걸 알게 되었다.

가까운 사람들과 마음을 터놓고, 진심이 느껴지는 대화를 나누며, 정서적 교감을 주고받는 것 역시 결코 삶에서 빼놓을 수 없다는 것도 알게 되었다. 너무나도 낯설고 생소했던 영국인과 내가 마침내 좋은 친구가 될 수 있었던 것을 나는 '집' 덕분이라고 생각했다.

그 사람을 '아는 것'과 '친구가 되는 것'은 엄연히 다르다. 나는 내가 '아는 사람들'이 좋은 사람들이라는 것을 잘 알기에 '친구'가 되고 싶었다. 그들을 조금 더 알고 싶었고, 조금 더 이해하고 싶었다. 일상 대화도 좋고, 살면서 느꼈던 잔잔한 감정도 좋으니, 개인적으로 만나서 얘기를 나누고 싶었다. 가까워지기에 제일 좋은 방법은 대화가 아닌가?

카페나 식당에서 수없이 만났는데도, 지금도 카톡을 자주 주고받는데도, 여전히 그가 어떤 사람인지 잘 모르겠다는 느낌이 드는 건 왜일까? 거리를 둔 채로 각자 제자리에 서서 머물러 있다는 느낌이 드는 건 어째서일까?

우리가 점점 대화하는 능력을 잃어 가고 있는 건 아닌지 모르겠다. 자기 생각과 느낌을 표현하는 걸 불편해하는 건지도 모르겠다. 그건 우리가 수십 년을 알고 지냈으면서도 서로의 집에 가 본 적이 없어서가 아닐까?

집에 가면 그 사람을 알 수 있다. 오랜 시간 만나지 않아도, 길게 설명하지 않아도, 자연스럽게 그가 어떤 사람인지 볼 수 있다. 굳이 소개하지 않아도, 무엇을 좋아하는지, 어떤 것에 관심이 있는지, 스스로 느낄 수 있다. 그 집에 온 사람은 저절로 그 집에 사는 사람이 어떻게 사는지 발견할 수 있다. 집이 서로를 가깝게 만들어 준다. 어쩌면 집은 그들을 친구로 만들어 줄지도 모른다.

"다정하게 어루만져 주는 것, 재미있는 대화를 나누는 것, 어려움 속에서 서로를 보호해 주는 것이 전부일는지도 모릅니다."(배우 김혜자, 『생에 감사해』)라고 했다. 우리가 인생에서 바라는 것은 큰 것이 아니라고 했다. 겨우 이런 것일지도 모른다고 했다. 좋은 삶을 산 사람들이 자신의 인생을 돌아보며 전하는 지혜를 접할 때마다 하나같이 소박해서 놀란다. 대단하지 않아서, 엄청 어렵지 않아서, 도저히 엄두도 낼 수 없는 게 아니라서, 나도 할 수 있겠다 싶어진다. 따뜻하고 친절해서, 나도 '꼬~옥' 바라는 거라서, 한번 해 보자 싶어진다.

좋은 사람들을 많이 만났으니 나는 운이 아주 좋은 사람임에 틀림이 없다. 나이 들어서도 친구가 되고 싶은 사람들이 많은 걸 보니 행운이고 말고다. 소중한 인연의 사람들에게 마음을 열고, 진심으로 귀를 기울이며, 이야기다운 이야기를 나누며 살고 싶다. 서로의 삶을 공유하며 살고 싶다. 이제는 사람이 '들락날락' 하는 집에 살고 싶다.

내 삶에
넣고 싶은 시간

친구의 아트 클래스에 따라갔다. 오래된 집에서 노부부가 반갑게 맞았다. 들어서자마자 집주인이 차 한 잔을 권하고, 사람들은 찻잔을 손에 든 채 서로의 안부를 주고받았다. 화분들이 '옹기종기' 모여 있는 부엌은 아늑했다. 히터가 가깝고 햇볕이 잘 드는 창가라서 식물들의 병원이라고 했다. 병원에는 키가 큰 촛대도 있었다. 나는 촛불이 켜진 식탁을 상상하면서, 가만히 모셔 놓기만 하고 한 번도 사용하지 않은 우리 집 촛대가 떠올랐다.

집 뒤편에는 키 큰 나무들로 가려진 그들만의 정원이 있었고, 나무 아래에는 벤치와 의자들이 놓여 있었다. 햇볕이 포근하고 바람이 '살랑살랑' 부는 날, 차 한 잔을 곁에 두고 책을 읽는 즐거움을 상상했다. 밖이 훤히 내다보이는 '컨서버터리(conservatory, 천장과 벽을 유리로 만든 공간)'에는 파라솔이 '활짝' 펼쳐져 있다. '파라솔을 바깥에서만 사용하라는 법은 없다.'라는 듯, 화려한 분홍색 파라솔이 단박에 밝은 기운을 선사했다. 실내에 펼쳐진 파라솔 풍경이 생경하면서도 '안 될 게 뭐람?(Why not?)' 하게 했다.

그림을 그려 본 경험이 없는 남녀 노인들이 모였다. 그날은 파라솔 밑에 앉아 탁자 위에 놓인 꽃과 과일을 그리는 거였다. 어떻게 그려야 할지 몰라서 막막해하는데, 누군가 말했다. "그저 종이 한 장일 뿐이야. (It's just a piece of paper.)"라는 말 한마디가 모두를 홀가분하게 했다. "화요일을 이렇게 보내서 즐겁다."라고 했고, "그냥 차 마시고 얘기만 하는 게 아니라, 관심 있는 것을 함께해서 좋다."라고도 했다.

점심을 같이 먹는 시간 역시 즐겁고 좋았다. 각자 들고 온 음식으로 함께 차렸는데, '키슈(quich, 햄, 양파, 크림 등으로 만든 파이)', 빵, 치즈, 와인, 크래커, 과일 샐러드가 푸짐했다. 나는 잡채를 만들어서 가져갔는데, 그들은 투명한 당면을 '글라스 누들(glass noodle)'이라며 신기해했고, 선물로 가져간 '얼굴 팩'은 인기가 많아서 남자들도 챙겨갔다. 남자와 여자, 주인과 손님, 가르치는 사람과 배우는 사람의 대화는 거리가 없었다. 뒷정리도 함께하는 게 당연했다. 각자 빈 그릇을 치우고, 설거지하고, 물건을 제자리에 놓는 행동이 몸에 밴 듯 자연스러웠다.

친구는 내게 "재밋거리를 만들어 줘서 고맙다. (Thank you for causing fun.)"라고 말했다. '기다려 줘서 정말 고마워. (Thank you so much for waiting.)', '조심히 운전해 줘서 고맙다. (Thank you for driving carefully.)'라는 인사는 익숙한데, 이런 인사는 처음 들어 봤다. 친구들을 다시 만났을 때 서로 나눌 '이야깃거리'를 만들어 줘서 고맙다고, "얼굴 팩을 했는데도 주름살은 그대로네."라며 서로 놀릴 수 있는 '웃음거리'를 만들어 줘서 고맙다는 거였다.

따라 하고 싶은 노인들의 모습을 보았다. "좋은 책을 읽으면 나쁜 책을 즐길 수 없게 되는 법이다. (Reading good books ruins you for enjoying bad books.)"(메리 앤 셰퍼, 애니 배로스, 『건지 감자껍질파이 북클럽』)라고 했다. 좋은 삶을 사는 노인들을 보니, 이런 시간을 내 삶에 넣어도 좋을 것 같았다.

늙음은 끝없이 지루해지는 일이다. 동시에 공허하고 외로운 일이기도 하다. 우리는 잘 알면서도 더 나아지기만을 바라며 아무것도 하지 않는다. 어쩔 줄 몰라 끙끙대기만 하고 그냥 세월을 흘려보낸다. 가만히 두면 그날그날이 똑같은 날들의 연속일 거다. 내 앞날을 지루함이 압도하기 전에 좀 다른 날을 만들면 안 될까? 원치 않는 시간이 도래하기 전에 내가 바라는 시간을 만들면 안 될까?

'잘 나이 들기'를 목표로 '삶의 태도나 취향이 비슷한 사람들'이 모이는 거다. 과거가 아닌 현재와 미래에 집중하고, 걱정과 불만보다는 희망과 행복을 말한다. 다른 사람이 아닌 나의 삶을 이야기하고, 내가 한 일만이 아닌 내가 느낀 것을 표현한다. 인생에서 중요한 것과 멋진 것을 탐구하며, 여태 미루고 망설였던 것과 이제는 해 보고 싶은 것들을 하는 거다. 재밋거리를 구상하고 살맛 나는 시간을 설계하는 거다. 누군가 "이런다고 잘 나이 드느냐?"고 묻는다면, "인생은 사는 거다. 가만히 있는 게 아니라."라고 대답하고 싶다. 그리고 "안 하면 뭐 할 긴데?"라고 되묻고도 싶다.

밝고 건강하게
삶을 즐기는 모습

여름인데도 비가 자주 오고 쌀쌀하기까지 한 영국에서 화창한 날씨는 무엇을 하기에도 충분한 이유가 되었다. 날씨가 좋으니 짐 나르는 것을 도와준 사람들을 불러 바비큐를 한다면서, 스텔라는 우리 부부까지 초대했다. 처음에는 2명을 초대했는데, 곧 4명이 되더니, 어느새 12명이 되었다. 그것도 24시간 안에 말이다.

'삶에서 최고는 우리가 사랑하는 사람들, 우리가 가 본 장소들, 우리가 그 길에서 쌓은 추억들이다. (The best things in LIFE are the PEOPLE we love, the PLACES we've been and the MEMORIES we've made along the way.)' 스텔라의 정원에 걸려 있는 글이 초대의 이유를 말해주는 것 같았다. 함께 장식해 놓은 만국기가 누구든지 환영한다는 사인 같았다.

영국인은 집을 잘 활용했다. 밥을 먹고 잠을 잘 때뿐만 아니라, 사람들을 초대해 추억을 만들 때도 활용했다. 노란색과 초록색이 들어간 테이블보 위에 노란색과 초록색의 냅킨과 양초가 하나 건너 하나씩 번갈아 놓여 있었다. 의자도 노란색이었다. 밝고 환한 상차림이 초대받은 사람들의 기분을 들뜨게 했다.

영국 사람들은 오래되고 자연스러운 것을 좋아하면서도 밝고 환한 색도 좋아했다. 여인들은 나이가 많은데도 산뜻하고 상쾌한 색깔의 옷을 잘 입었다. 스텔라는 노란색 원피스, 파란색 꽃무늬 스커트, 화려한 패턴의 스커트와 주황색 티셔츠를 자주 입었다. 내 옷장에는 검은색과 회색 옷이 많고, 새 옷을 살 때도 그런 색만 산다. 나는 왜 그러는 걸까?

영국에서 내가 묵는 집은 아주 작아서 '리틀 하우스(little house)'라는 이름을 갖고 있다. 부엌의 한쪽 벽은 노란색과 초록색이고, 화장실의 벽은 밝은 노란색이다. 다른 친구의 집 거실의 계단은 진한 파란색이고, 침실과 화장실 벽은 연두색과 하늘색이다.

친구들과 함께 바비큐를 하는 모습

밝고 환한 상차림

하워드가 버거, 소시지, 닭고기 꼬치, 치즈를 구워서 가져왔고, 스텔라가 '쿠스쿠스(couscous, 으깬 밀로 만든 북아프리카 음식)', 치즈를 넣은 수박 샐러드, 채소 샐러드, '껍질 콩(green bean)' 등을 담은 접시를 올려놓으니 식탁이 가득했다. 남자와 여자가 섞여 앉아 이야기를 나눴다. 차례대로 접시를 옆 사람에게 넘기면서 원하는 음식을 원하는 만큼 자기 접시에 덜어냈다. 젊은이가 유머를 섞어가며 어른을 놀렸다. 장애가 있는 젊은이를 향한 모두의 친절과 배려가 은근했다.

마켓에서 파는 한국의 비빔밥

스텔라의 이름을 한글로 써서 사람들에게 보여 주었더니, 모두가 신기하다며 너도나도 써달라고 했다. 스텔라, 드니스, 제니, 홀리, 폴…. 여인들은

오직 영국에서 일어나는 일

글자의 모양이 단순한 '드니스'보다 좀 더 복잡해 보이는 '스텔라'가 멋있다며 부러워했다. '홀리'의 이름을 써주었을 때는 "어떻게 읽느냐?"라고 물었는데, "홀리는 홀리라고 읽는다."라는 대답에 모두가 '깔깔깔' 웃었다.

내 옆에 앉은 젊은 영국인 셰프가 된장과 고추장을 알고, 비빔밥까지 알고 있어서 놀랐다. 내친김에 한국의 맛을 보여 주고 싶었다. 나는 가까이에 있는 '리틀 하우스'에 가서 그 밤중에 라면을 끓여 냄비째로 들고 왔다. 처음 맛보는 라면을 매워하는 그들 각자의 반응들이 재미있어서 또 한 번 다 같이 '하하하' 웃었다. 셰프에게 한국에서 가져온 삼계탕 재료를 선물했고, 끓이는 법을 가르쳐 주었고, 고추장과 김의 맛도 보여 줬다.

이야기를 나누면 더 알게 되고 친근해지는 법이다. 하워드의 마음도 움직였나 보다. 3년을 배웠다는 우쿨렐레를 꺼내어 연주했고, 다 함께 노래를 불렀다. 칠십이 다 된 나이에도 새롭게 악기를 배우고, 친구들과 같이 모여서 연습하며, 연주하는 것을 즐거워했다. 나는 새로운 무언가를 시작하려면 항상 '잘할 수 있을까?', '잘하려면 얼마나 걸릴까?', '배워서 뭘 할 건데?' 등 쓸데없는 질문을 많이 하는데, 그들은 나와 달랐다. 소박한 음악이 깜깜한 밤을 따뜻하게 감쌌다. 자정이 되어서야 헤어지면서, 나는 남편에게 "밝고 건강하게 삶을 즐기는 모습을 보았다."라고 말했다.

스텔라는 딸기와 키위 외에도 디저트를 두 가지나 만들어서 모두의 식탐을 실험했다. 하워드는 부엌을 '들락날락' 하면서 라면 냄비까지 씻어 줬다. 젊은 셰프는 테이블을 정리했고, 나이든 건축가는 식기세척기에 그릇을 넣었다. 가만히 있지 않고 자신을 제대로 활용할 때, 존재감은 커지고 중요해진다. 존재감이 있고 중요한 사람은 멋이 있다. 가만히 있던 집에 친구들을 부르니 집의 존재도 덩달아 커졌다. 집은 이렇게 가깝게 살라고, 더 따듯하게 살라고, 사람과 사람을 이어 주기도 했다.

식사는 일이 아닌 삶의 가장 큰 기쁨

스텔라와 하워드 부부가 얼마 전, 남극으로 여행을 다녀왔다. 세계 곳곳에서 모여든 사람들과 함께한 여행이었는데, 그중 한 사람이 영국에 온다고 했다. 이야기는 "그럼, 올 수 있는 사람들끼리 한번 만날까?"라는 대화로부터 비롯됐다. 혼자 또는 부부가 미국에서 또는 영국 각지에서 스텔라의 집에 모였다. 밤이 늦도록 바비큐를 하며 '이야기꽃'을 피웠다. 무려 14명이나 모여서!

호텔, 에어비앤비, 스텔라의 집으로 흩어졌던 사람들이 다시 모인 아침 식사에는 우리 부부까지 불렀다. 온갖 꽃들과 화분으로 가득한 정원을 뒤로 두고, 오래된 포도나무 그늘 밑에 아침상이 예쁘게 차려져 있었다. 무성한 포도 넝쿨 사이로 탐스러운 포도송이들이 '주렁주렁' 매달려 있었다.

포도 넝쿨 아래 놓인 긴 테이블

분홍색 식탁보 위에 놓인 작은 화분들과 노란색 냅킨을 꽂은 와인잔이 손님을 반갑게 맞았다. 가지런히 놓인 흰 접시, 흰 사발, 나이프, 스푼, 포크가 깍듯했고, 도자기로 만든 항아리(pitcher)에 담긴 우유와 오렌지 주스는 정성스러웠다. 각각의 그릇에 담긴 여름 과일들, 여러 종류의 요구르트, '뮤즐리(muesli, 곡식, 견과류, 말린 과일 등을 섞은 것으로 아침 식사로 우유에 타 먹는 것)', 빵, 버터, 잼이 예의 바르게 놓여 있었다.

오븐에서 갓 구워 낸 크루아상은 따끈따끈하고 바삭바삭해서 더 맛있었다. 설탕에 절인 살구는 집에서 만든 거라서 더 인기가 있었다. 하워드는 일일이 커피와 홍차의 주문을 받으면서도 "여기는 4성급 호텔이 아니니, 알아서…."라고 말해서 모두를 웃게 했다. 테이블 너머로 음식을 건네고,

벌떡 일어나 빈 접시를 부엌으로 나르면서, 우리는 전보다 더 행복해졌다.

영국에서는 쉽지 않은 일이라도 쉽게 일어났다. 그들은 갈 길이 먼데도, 다른 일이 있을 텐데도, 친구와 밥을 먹으러 여기까지 왔다. 우리는, 아니 나는 무슨 일이든 어렵다는 생각을 먼저 하지 않나? 해 보지도 않고 안 되는 이유부터 떠올리지 않나? '너무 멀어서', '지금 바쁜데', '뭘, 밥 먹으러 거기까지'라는 말이 내 입에서 나오는 일이 어렵지 않다.

비행기를 잘못 타는 바람에 일찍 남극에 도착했다는 누군가의 이야기를 들었을 때, "어떻게 그런 일이?", "확인을 얼마나 많이 하는데!"라는 말이 오고 갔다. "세상에는 믿기 어려운 일이 실제로 일어나네."라는 말에는 다들 웃었다. 세상에는 일어날 것 같지 않은 일도 일어났다. 무슨 일이든 일어날 수 있었다. 정말이었다.

"Do you remember?", "At least there is something to talk about."이라는 누군가의 말이 내 귀를 사로잡았다. 우리가 이토록 먼 길을 달려온 이유는 "기억나?"라고 물으며 함께 떠올릴 수 있는 추억을 만들기 위해서라고 했다. "적어도 서로 이야기를 나눌 수 있는 무언가를 위해서."라고 했다.

영국인은 헤어지는 인사를 나누는 데 시간이 꽤 걸리는데, 그날도 그랬다. 모두가 일어나서 껴안으며 긴 인사를 주고받았다. 여기까지 온 김에 다른 친구의 집에 들르고, 또 다른 곳으로 여행을 떠나고, 그중에 6명은 다시 뉴질랜드로 함께 여행을 떠난다고 했다. 그렇게 쌓인 새로운 추억거리와 이야깃거리로 각자의 삶에는 '이야기보따리'가 조금씩 더 커졌으리라.

4부 늙어서도 삶을 즐기는 영국의 노인들

디저트를 준비하는 스텔라

스텔라가 내게 "이제부터는 하고 싶은 일에 다시는 나이를 핑계로 삼지 않겠다."라고 말한 적이 있다. 이번에는 "90세가 되면, 좋아하는 친구들과 함께 유람선을 타고 세계여행을 할 거야. 양로원에 가는 것보다 돈도 덜 들고."라고 말했다. 내가 아무런 대꾸를 하지 않았는데도, 그가 '글쎄~.'라는 내 속마음을 읽은 게 틀림없었다. 곧바로 "Seriously!(빈말이 아니라니까!)"라고 덧붙인 걸 보니 말이다.

스텔라는 친구들을 자주 집으로 초대한다. 부부 둘만 사는데도 집에는 크고 긴 테이블이 여럿 있다. 포도나무 밑에도 있고, 정원이 바라보이는 유리문 안에도 있고, 비좁은 거실에도 있다. 날씨가 좋은 날은 물론, 비가 오는 날과 추운 날에도 친구들을 초대하기 위해서가 아닐까?

아이들과 함께 큰 집에서 살던 친구 부부는 얼마 전에 작은 집으로 이사를 했다. 오래된 집을 수리 중인데, 무엇보다도 친구들과 함께 시간을 보낼 수 있는 '다이닝룸(dining room)'을 새로 넉넉하게 만들었다. 부엌의 벽을 허물어 확장하고, 창을 크게 만들어 햇볕이 환하게 들어오도록 만들었다. 그 이유를 이제는 알 것도 같았다.

"식사는 일이 아니에요. 삶의 가장 큰 기쁨 중 하나죠."라는 영화 속 주인공의 말에도 마음이 끌렸다. 우리는 '어떻게 하면 좀 더 행복해질까?' 하면서도, 친구와 밥을 먹는 것을 일로 생각하는 게 아닐까? 여행은 일이 아니라 삶의 큰 기쁨인데도, 나는 또 어렵고 힘든 일로만 생각했던 거다. 90세에 친구들과 크루즈 세계여행이라니, 얼마나 멋진 삶인가!

천천히 보내고
느긋하게 느끼는 게 목적

스텔라 부부와 함께 '펀팅(punting)'을 하러 갔다. 남편과 나는 이미 오래전에 해 본 적이 있는데, 우리처럼 서툰 관광객들이 배를 모느라 여기저기 부딪히며 길을 막기 일쑤였던 기억이 있다. 이번에는 사뭇 달랐다. 옥스퍼드에 가면 늘 큰길만 다니느라 사람들이 북적대는 시내만 보았는데, 골목에 들어서니 금세 고즈넉한 풍경이 펼쳐졌다. 템즈강은 한가로웠고, 가지런히 놓여 있는 빈 배들은 평화로웠다. 아니, 옥스퍼드에 이런 곳이 있다니!

펀팅은 작고 얕은 강에서 가늘고 긴 장대로 강바닥을 밀어서 나아가는 배 타기를 말한다. '펀트(punt)'라 부르는 배는 두 명이 나란히 앉을 만큼 좁고, 여섯 명이 탈 만큼 길다. 펀팅은 옥스퍼드와 케임브리지에만 있는데, 옥스퍼드에서는 나아가는 방향의 앞쪽에 서서 장대를 밀고, 케임브리지에서는 뒤쪽에 서서 미는 것이 다르다.

기다란 배가 잔잔한 강을 느리게 나아갔다. 오리가 헤엄치고 소 떼가 물을 마셨다. 삼삼오오 배를 타는 사람들이 여유로웠다. 배 안에 깊숙이 앉아 고개를 뒤로 젖힌 채, 햇살의 기분 좋은 감촉을 즐기는 여인들이 편안했다.

홀로 '카약(kayak)'에 앉아 노를 젓고, 서서 '패들보드(paddle board)'를 타는 젊은이가 자유로웠다.

'띄엄띄엄' 보이던 배가 이쪽저쪽으로 모두 사라졌을 때는 마치 시간이 멈춘 듯했다. 고요하고 평온한 풍경이 영화의 한 장면 같았다. 그 풍경이 현실 같지 않아서 신비로웠고, 우리에게는 없는 거라서 소중했다. 어찌 된 일인지 흐뭇했고 행복했다. 그 시간이 무척 아름다워서 나에게는 긴 여운으로 남아 있다.

하워드가 장대를 내려놓고 배를 묶으니, 스텔라가 들고 온 바구니를 끌어당겼다. 스텔라가 와인잔을 꺼내고 예쁜 냅킨과 컵케이크를 건네주니, 여름날의 오후가 꿈을 꾸듯 황홀해졌다. "여기 자주 오느냐?"라고 묻자, 스텔라는 "일 년에 서너 번 온다."라면서 "관광객이 몰려가는 강가에는 가지 않는다."라고 했다. 덧붙여 "천천히 보내고 느긋하게 느끼는 게 목적이니까."라고 했다.

템즈강에서의 펀팅

펀팅을 즐기는 하워드와 스텔라

혼자 스페인과 이탈리아를 여행한 딸도 관광지만 간 게 아닌 모양이었다. 이름난 곳을 찾아가다가 도중에 마음을 바꾸기도 했다는데, 뒷골목에도 가고 그들이 '시간을 내어 여름을 만끽하는 곳'에도 갔었나 보다. 돌아와서는 "우리는 만족할 줄 모르는 거 같다."라느니, "사는 데 집중해야 하는데, 전부 돈 벌고 일하는 데 집중하는 거 같다."라느니 했다. "우리나라를 더 좋아하게 되었다."라고도 했다. 도대체 뭘 본 걸까?

살고 있는데도 어떻게 살아야 하는지 묻게 된다. 아무 일도 일어나지 않아도 불안하고, 곁에 사람들이 있어도 외롭다. 이대로 살아도 되는 건지 잘 모르겠다. 한국에 돌아와서 시골의 숲속에서 사는 지인을 찾아갔다. 햇살이 눈부시게 반짝거렸고, 숲속은 온통 초록으로 가득했던 어느 여름날이었다.

외딴집에 사는 그가 내게 말했다. "어쩌면 사람들을 만나는 것보다 나무를 바라보고, 나뭇잎이 흔들리는 것을 바라보고, 나뭇잎이 사각거리는 소리를 듣는 게 더 나을 수도 있다."라고 했다. "가지 끝에 매달린 나뭇잎이 바람에 얼마나 팔랑거리는지를 보고, 겨우 그만큼만 흔들리다가 때가 되면 떨어지는 것을 아는 것이 더 나을 수도 있다."라고 했다. 그의 말을 들으며 창밖을 바라보는데 눈물이 났다. 어찌 된 일일까?

영국인은 이 세상을 어떻게 살아가야 하는지 아는 듯했다. 일찍감치 삶 속에 '사는 시간'을 섬세하게 배분해 놓은 듯했다. 종종 멈추어 머물면서 '삶을 음미하는 기술'을 연마해 놓은 듯했다. 큰길에 가려진 골목이 아름다웠던 것처럼, 내가 보았던 그들의 드러나지 않은 삶도 아름다웠다.

"그가 잊고 싶지 않은 기억은 뭐가 되고 싶었나, 뭐를 갖고 싶었나가 아닙니다. 그것은 바스락거리는 나뭇잎을 밟으며 지나가는 것이 얼마나 기분 좋았던가 같은 것입니다."(정혜윤, 『삶을 바꾸는 책 읽기』)라고 했다. 그의 말이 가슴에 들어와 '콕' 박혔다. 알고 나니 욕망하게 된다. 나도 그렇게 살고 싶어진다. 나는 이제 어떻게 살아야 하는지 궁금하지 않다.

오랫동안 원했던 것을 하기에 딱 좋은 때

코로나 19 때문에 삶이 달라졌다. 내 삶이 쪼그라들고 가라앉았다. 외출과 만남이 줄어들었고, 의욕과 흥미도 따라서 주저앉았다. 하려던 일은 마냥 미루게 되었고, 하고 싶었던 일은 흐릿해지고 희미해졌다. 지금의 내 삶이 노인의 삶과 '꼭' 닮아서 '흠칫' 놀랐다. 마치 다가올 나의 노년 같아서 '슬그머니' 두려워졌다.

세상은 달라지고 좋아졌다는데, 과연 노인의 세상도 그럴까? 우리는 열심히 노력하고 열심히 사는 것은 교육받았는데, 그렇게 하지 못하게 되었을 때 어떻게 해야 하는지는 배우지 못했다. 인생은 그런 식으로 살아지지 않는다는 것을 알지 못했다. 배운 대로 살아온 노인들은 이제 어떻게 살아야 하는지 모르는 것 같았다. 느린 속도로 천천히 걷는 법은 모르는 것 같았다.

그들은 대부분의 시간을 집에서 보냈다. 밖에 나갈 일은 손에 꼽을 정도였고, 찾아오는 사람이라고는 가족들뿐이었다. 지루함과 외로움과 싸우는 일이 제일 큰 문제였다. 오래 살다 보니, 무얼 하면서 시간을 보낼까가 최후의 골칫거리가 되었다. 나는 내 삶이 그렇게 흘러가는 것을 원하지 않는다.

한국의 내 친구들을 지켜봤다. 자신의 노년을 생각하면 우울하다고 했다. 돌봐야 할 부모님을 바라보면 걱정스럽고 불안하다고 했다. 자신의 팔팔하던 시절이 서서히 저물고 있다는 것을 잘 알면서도 아무런 궁리도 하지 않고 그저 주춤대고 있었다. 노인들도 지켜봤다. 하루가 지겹고 무료하다고 했다. 챙겨 주는 딸이 있고, 아들과 며느리가 매주 '꼬박꼬박' 찾아오는 복 많은 노인도 마찬가지였다. 돌아가신 내 부모님도 별반 다르지 않았다.

영국의 노인들은 어떨까 지켜봤다. 외출할 때마다 노인이 많다고 느껴지는 것은 여전히 활동하는 모습들을 많이 봐서인지도 모르겠다. 그들은 늙어서도 별로 달라지지 않는 듯했다. 그냥 예전 모습 그대로 살아가는 듯했다. 공원 잔디밭에 나란히 앉아 있는 노부부는 아름다웠다. 할아버지는 신문을 읽고 할머니는 책을 읽고 있었다. 자선 행사에서 자원봉사자로 일하는 사람들은 전부 노인들이었다. 아기자기하고 예쁜 물건을 파는 가게에서 일하는 사람들도 노인들이었다.

영국 노인들은 독서 모임에서 책 이야기를 한다. 걷기 모임에서 함께 걷는다. 다양한 친구들과 함께 아트 클래스에서 그림을 배우고, 미술관에 가서 작품을 감상한다. 정원을 가꾸고, 상점에서 일하고, 여러 단체에서 자원봉사자로 활동한다. 노년의 하루에는 좋아하는 일, 관심 있는 일, 그리고 남을 돕는 데 의미를 두는 사회적 활동이 골고루 담겨 있다.

그들의 오래된 삶의 방식에서 도움의 실마리를 얻는다. 지금부터 진지하게 앞으로의 '삶의 방식'을 모색해 본다. 지금 하는 일을 계속하는 것도 중요하고, 앞으로 하고 싶은 일을 새롭게 시작하는 것도 중요하다. 이제는 단순히 시간을 보낼 '소일거리'가 아니라, 헛헛해질 인생을 채워줄 무언가를 찾아야 한다. 자신을 스스로 쓸모 있게 만들어 줄 무언가를 만들어야 한다. 재미와 의미가 적절히 배합된 삶을 위해 지금의 삶을 '리셋'해야 한다.

"무엇을 함으로써 얻는 것이 있다는 것보다, 하지 않음으로서 잃는 것이 있다."(권석하, 『영국인 재발견 2』)라고 했다. 여태 살아오면서 못다 한 무언가가 있었는지 생각해보자. 오랫동안 마음속으로 품고 있었던 소망이 있었는지, 머릿속으로 그림을 그리던 것이 있었는지 떠올려 보자. 더는 후회를 남기고 싶지 않은 마음으로 첫발을 떼어 보자. 지금 해 보고 싶다고 생각한 것을 가벼운 마음으로 시작해 보자.

스텔라가 이메일로 안부를 전해왔다. 코로나 19에도 불구하고, 칠십이 넘은 부부가 '모터홈(motor home, 여행용 자동차)'을 샀단다. "수년 동안 원했던 것인데, 지금이야말로 그걸 사기에 가장 알맞을 때이다.(It is something we have wanted for many years and this seemed an ideal time to get one.)"라고 했다. "코로나 19 때문에 아직 외국에는 못 갔지만, 스코틀랜드에는 다녀왔다."라고, "코로나 19 때문에 겨울인데도 창문을 열어놓은 채, 늘 하던 대로 기부를 위해 크리스마스 카드를 판매했다."라고 했다. 그리고 "하워드는 여전히 지적장애인들을 돕고 있다."라고도 했다.

"여행할 때는 배낭 이외에 활기, 쾌활함, 용기, 그리고 즐거운 마음을 충분히 비축해 가지고 떠나는 것이 매우 좋다."(로돌프 퇴퍼, 『지그자그 여행』)라고 했다. 그들은 인생이 여행이라는 것을 잘 알고 있는 게 틀림없었다. 지금이야말로 오랫동안 원했던 것을 하기에 가장 좋은 때라는 스텔라의 말 역시 틀림이 없다.

점점 늙고 있는데
조금 진화된 느낌

　세상에! 이런 가게도 있었다. 옷, 가방, 신발로부터 컵이나 접시 같은 온갖 생활용품이 정렬되어 있는데 뭔가 이상했다. 자원봉사자들이 기증받은 물건을 판매해서 수익금을 기부하는 곳이었다. 가난을 퇴치하고, 호스피스를 후원하고, 암 연구를 지원하고, 여성과 아이들을 돕는 각종 자선단체를 돕는 이른바 채리티숍이었다. '우리도 있으면 좋겠다. 참 아름답다.'라고 생각했는데, 우리나라에는 몇 년이 지나서 '아름다운 가게'라는 이름으로 생겨났다.

　영국인은 사회적 책임감이 강하며 빈곤층에 연민을 가진다고 했는데, 그래선지 모두가 생활 속에 자원봉사와 자선을 넣고 산다. 도시의 번화가마다 채리티숍이 정말 한 집 건너 하나꼴로 있고, 마을의 광장에서는 알츠하이머와 파킨슨 환자를 돕거나 실업자를 후원하는 자선 행사 등이 수시로 열린다. 대형 마트에는 아이들을 위해 무료 과일 진열대가 있고, 사랑하는 이의 죽음을 기리며 기증한 벤치도 곳곳에서 볼 수 있다. 그들이 '사랑하는 사람들'과 '모르는 사람들'을 위해 '나눔'을 선택했다는 게 참으로 멋지다.

암 연구를 후원하는 채리티숍　　　대형 마트에 있는
　　　　　　　　　　　　　　　　어린이를 위한 무료 과일 진열대

　나눔은 모든 사람이 중요한 존재라는 것을 인정하는 일이다. 영국인은 나누는 일에 적극적이고 후했다. 자신의 정원을 개방해서 손님들에게 차와 케이크를 대접하고 받은 입장료를 기부했다. 집에서 작은 채리티숍을 열어 누군가에게 필요한 물건을 판매해서 기부했다. 자신의 재주를 '하루 요리 수업'이나 '30분 승마 개인 지도'로 만들어 받은 수업료를 기부했고, 자전거를 배워 가며 자전거 일주에 도전해서 모금한 돈을 기부하는 식이었다.

　그런 '낯선 아름다움'을 처음 본 순간, 내 안에서 뭔가 솟구쳤는지도 모르겠다. 시내에 나갈 때마다 채리티숍을 들락거렸다. 수십 년째 끌고 다닌 여행 가방을 기증했는데, "고맙다."라고 말해서 황송했다. 헌책을 샀는데 "읽은 후에 다시 기증해 달라."라고 말해서 놀랐다. 그렇게 생겨난 내 마음이 한국에 와서도 사라지지 않았다.

　친구들과 함께 대대적인 채리티숍을 빌였다. 수개월에 걸쳐 물건을 기증받았고 내 아파트 전체가 수많은 기증품으로 가득 찼다. 수시로 모여서 정리하며 일했고 여기저기에 소문을 냈다. 샌드위치도 만들고 커피도 끓였다. 사람들은 기증하고 봉사하면서 기뻐했고, 이야기와 음식을 나누면서 즐거워했다. 우리 모두에게는 '누군가를 돕는 일'과 '누군가와 나누는 일'의 유전인자가 있는 게 분명했다. '시간'과 '수고'만으로도 '거액의 기부'가 되는 경험을 6년간 했다.

나는 늘 행운아라는 생각이 든다. 가족의 건강과 무탈함이 큰 복 같고, 내가 받은 교육과 내가 얻은 기회가 대단한 혜택 같다. 대부분이 만족스럽고 행복하게 느껴진다. '좋아질 거야.', '이런 걸 불평하면 안 되지.', '이만한 게 다행이야.', '이 정도면 감사하지.'라고 하면서, '이런 게 행복이야.'라는 사고방식으로 산다. 내 삶을 가장 의미 있게 만들어 줄 수 있는 것이 '나눔'이라고 믿는다.

이제 나는 더 나은 사회와 더 나은 삶을 기다리지 않는다. 이다음에 쓰려고, 더 많이 가지려고 쌓아 두지 않는다. 나눌 수 있는 게 돈만은 아닐 거다. 눈에 보이는 것과 손에 쥐고 있는 것만 나눌 수 있는 게 아닐 거다. 텃밭에서 기른 상추와 오이도 '얼른얼른' 나누고, 옷과 신발도 '서둘러' 나눠야겠다. 내가 보고 느낀 것, 한 발짝 먼저 경험한 것, 공부해서 배운 것을 남에게 주는 것도 좋겠다.

이런 생각을 하면 나눌 게 많은 것 같다. 몸은 점점 늙고 있는데 조금 진화된 느낌이 들기도 하고, 훨씬 부자가 된 것 같기도 하다. '도움이 필요한 사람을 돕는데 이유가 있어야 하나요?(Must one have any reason to help those in need?)'라는 영화 속 대사가 여운을 남긴다. 나는 보잘것없고 허망한 삶을 시시하지 않게 만드는데 이보다 더 마땅한 것을 알지 못한다. 어쩐지 그러고 싶고 그래야 할 것만 같다. 영국인이 그렇듯, 대수롭지 않게 말이다.

이제는 따뜻한 게 더 멋있다

"정말 원하느냐?(Do you really want?)"라고 그가 내게 물었다. 옥스퍼드 시내에서 열린 야외 시장에 갔을 때였다. 마음에 드는 물건을 발견하고 "값을 좀 깎아 줄 수 있느냐?"라고 물었는데, 가게 주인이 내게 되묻는 거였다. "정말 살 거냐?"고 묻지 않고 "정말 원하느냐?"고 물었을 때, 나는 잠시 '멈칫 멈칫' 했다.

이미 말했듯이, 수년 전에 스텔라와 하워드 부부는 모터홈을 샀다. 오래전부터 원했던 거라서, 칠십이 넘은 나이라서, 자유로운 외출이 힘든 코로나 19 시절이라서, 그걸 타고 홀가분하고 자유롭게 여행하고 싶어서였다. 지금이야말로 원하는 것을 해야 할 때이자, 가장 좋을 때라는 걸 알았기 때문이었다.

내가 영국에 못 간 사이, 친구의 남편이 포르쉐를 샀다. 오랫동안 꿈꾸던 거라서, 여태 꿈꾸기만 한 거라서, 그리고 무엇보다 큰 병을 앓으며 시련을 겪은 후라서였다. 지금이야말로 더 미루지 않아야 할 때라는 걸 깨달았기 때문이었다. 친구가 남편의 소식을 전하며 "안 될 게 뭐겠어?(Why not?)"라고 말했을 때, 나는 고개를 '끄덕끄덕' 했다.

미셸의 집에 갔을 때였다. 자동차를 좋아하는 미셸의 남편에게 우리 부부가 렌트한 파란색 최신형 자동차를 보여 주었는데, 곧바로 그는 "그건 내 취향이 아니다.(It's not my cup of tea.)"라고 말했다. 그는 우리를 데리고 차고로 가서 자신이 수집한 1959년생 올드카와 1965년생 올드카를 보여 줬다. 흠집 하나 없이 '반짝반짝' 빛나는 잘 관리된 아름다운 차를 보니 '우아~' 하고 탄성이 나왔다. 평생 주유소를 운영하며 자동차 정비 일을 한 그가 마침내 은퇴 후에 손에 넣은 풍요 같았다. 그런 멋진 차를 미셸은 타지 않는단다. 안전벨트가 없어서란다. 에궁!

그토록 원하는 것이 누군가에게는 '퀼트'이기도 했다. 아니, '친구들과 함께하는 시간'이기도 했다. 암에 걸린 친구의 바람대로, 스텔라와 바느질을 좋아하는 친구들이 함께 모여 차를 마시며 밝고 명랑한 이야기를 나누었다. 그가 떠난 지 1주년이 되던 날, 그들은 미처 끝내지 못한 이불을 완성해서 그의 남편에게 주었다.

가까이서 '쭉' 지켜봐서 좀 아는데, 영국인은 늘 절약하고 절제하며 산다. 친구들은 내가 준 설거지 스펀지와 샤워 수건을 세탁기로 빨아 가며 쓴단다. "오래 쓸 수 있어서 좋다."리면서 아직도 사용한단다. 아니, 내가 준 지가 언젠데? 스텔라가 입은 노란색 블라우스는 며느리가 입던 옷이라고 했다. 세상에나, 시어머니가 며느리의 옷을 받아 입는다고?

이제 스텔라와 하워드는 둘이 혹은 손자와 손녀를 데리고 모터홈을 타고

4부 늙어서도 삶을 즐기는 영국의 노인들

여행을 다닌다. 기부 활동을 하고 장애인을 돕는다. 오래된 친구들을 만나며 새로운 친구들을 사귄다. 올해는 '안 해 본 것을 해 보기'라는 새로운 모토대로, 부부가 극장에서 안전 요원으로 자원봉사를 하고 있다. 화재 발생 시에 관객들을 안전하게 대피시키는 일인데, 덕분에 평소에 보지 않던 공연과 코미디까지 본다면서 무척 즐거워했다.

건축가 친구는 드디어 자신의 집을 설계하고 건축했다. 오래된 집의 천장을 높이고, 창문을 넓히고, 구석구석을 쓸모 있게 바꾸고, 친구들과 함께 할 공간을 증축해서 멋진 새집으로 만들었다. 이따금 그림을 그리러 다닌다고도 했다. 여러 페이지가 이어진 스케치북에 그린 시골 풍경이 한눈에 볼 수 있는 파노라마사진 같았다.

'정말 원하는 것'이라는 면에서 볼 때, 나는 웬만큼 다 가져 봤고 웬만큼 다 해 봤나 보다. 이제는 절약과 절제에 주의를 기울이게 된다. '사고 싶은 것'인지 '원하는 것'인지 스스로 되묻게 된다. 절약과 절제 사이에서 자주 갈피를 잡지 못할 때도 있고, 사는 것이 좋은지 안 사는 것이 좋은지 알 수 없을 때도 있지만 말이다.

아직도 인생을 잘 모르지만, 머지않아 생이 끝난다는 건 확실하게 안다. 돈만 있으면 무엇이든 살 수 있는 세상인데도, 이제는 돈으로 살 수 없는 것에 관심이 가고, 돈으로 살 수 없는 것을 소망한다. 사랑, 우정, 친절, 나눔 같은 따뜻한 거 말이다. 주거니 받거니 하면 마음이 흐뭇해지고 덤으로 잘 사는 것 같은 기분까지 드니까 말이다.

"'누나는 따뜻한 사람이잖아.', '따뜻한 노래 만들어. 난 따뜻한 게 더 멋있더라, 이제는.' 쿨한 것은 웬만큼 다 해 본 사람이 그렇게 말한다."(이슬아, 『끝내주는 인생』)라고 했다. 작가의 동생이 작가에게 한 말 역시 무척이나 따뜻하다.